DE LA
RÉPRESSION PÉNALE

DE SES FORMES
ET DE SES EFFETS.

RAPPORT

FAIT A L'ACADÉMIE DES SCIENCES MORALES ET POLITIQUES

PAR M. BÉRENGER,

Membre de l'Institut, président à la Cour de cassation.

PREMIÈRE PARTIE.

PARIS,

TYPOGRAPHIE DE FIRMIN-DIDOT FRÈRES,
IMPRIMEURS DE L'INSTITUT, RUE JACOB, N° 56.

1852

DE LA

RÉPRESSION PÉNALE

DE SES FORMES

ET DE SES EFFETS.

INSTITUT NATIONAL DE FRANCE.

DE LA
RÉPRESSION PÉNALE

DE SES FORMES
ET DE SES EFFETS.

RAPPORT

FAIT A L'ACADÉMIE DES SCIENCES MORALES ET POLITIQUES

Par M. BÉRENGER,

Membre de l'Institut, président à la Cour de cassation.

PREMIÈRE PARTIE.

PARIS,
TYPOGRAPHIE DE FIRMIN DIDOT FRÈRES,
IMPRIMEURS DE L'INSTITUT,
Rue Jacob, n° 56.
1852.

DE LA RÉPRESSION PÉNALE

DE SES FORMES

ET DE SES EFFETS.

RAPPORT [1]

Par M. BÉRENGER.

Lu dans les séances des 21 janvier, 6 mars, 10 avril et 8 mai 1852.

PREMIÈRE PARTIE.

Messieurs,

C'est une étude aussi curieuse qu'instructive que celle de l'homme qui, après avoir violé les lois de la société, se trouve en présence de l'expiation qu'il a encourue.

Objet de la mission.

---

(1) *Extrait du procès-verbal de la séance de l'Académie des sciences morales et politiques, du* 16 août 1851 : « L'Académie décide qu'une mis-« sion sera confiée à M. Bérenger, membre de la section de législation et « de jurisprudence, dans l'objet de visiter les principaux lieux de répres-« sion de France et d'Angleterre ; de comparer les résultats des systèmes « de pénalité des deux pays, et de rechercher quelles mesures pourraient « être adoptées pour conserver les bons effets de l'expiation, après la « libération des condamnés. »

Né avec une raison destinée à l'éclairer et à le guider, avec une conscience que Dieu lui donna pour l'avertir de la moralité de ses actions; doué d'une volonté qui devait être employée à assurer le ferme accomplissement de ses devoirs, comment, de dégradation en dégradation, est-il arrivé à un tel oubli de lui-même, qu'il ait pu s'exposer à subir les fatales conséquences de ses transgressions?

Lorsqu'une fois sous la main de la justice, il voit s'élever contre lui ce passé dont elle lui demande compte, quelle révolution s'opère dans le secret de son âme? La crainte l'incline-t-elle au repentir; ou l'irritation née des poursuites qui l'étreignent et des rigueurs qui le menacent, imprime-t-elle une nouvelle force à ce sentiment mauvais qui le porte à se maintenir en état de guerre avec ses semblables?

Quelle sera son attitude devant ses juges?

S'il est absous, par suite de l'insuffisance des preuves, la leçon lui sera-t-elle profitable? Condamné, sentira-t-il, sous la lente pression du châtiment, se réveiller en lui les bons instincts qui ont pu n'être qu'assoupis; et peut-on espérer que, par un retour salutaire, la volonté du bien, reprenant le ressort qu'elle avait perdu, lui fasse insensiblement, pas à pas, remonter cette échelle de dégradation si vite et si fatalement descendue, de manière à le ramener à l'état d'ingénuité morale dont il semblait qu'un abîme le séparât?

Sa peine subie, sa dette payée, si sa régénération est devenue complète, quelle sera sa situation en rentrant dans la société?

S'y trouvera-t-il assez protégé contre sa propre faiblesse pour qu'il n'y ait plus lieu de craindre qu'il y succombe?

La société n'aura-t-elle aucun devoir à remplir envers lui?

L'appui moral qu'il est en droit d'attendre d'elle n'est-il pas dans l'intérêt de tous, non moins que dans le sien? Car si la paix publique est troublée par un premier crime, il est rare qu'un second ne lui porte pas une atteinte plus grave et plus profonde, et que la récidive ne soit à la fois un pas de plus et un pas plus grand dans le mal.

L'Académie, se préoccupant de ces nombreux et difficiles problèmes, a voulu en préparer la solution, en donnant à l'un de ses membres la mission de visiter les principaux lieux de répression d'Angleterre et de France, afin de comparer entre eux les résultats des divers systèmes de pénalité, et de rechercher quelles mesures peuvent être prises pour consolider, après la libération, le bien que leur application aura produit.

Cette tâche qui m'a été dévolue, j'en ai compris toute l'importance, et aussi toutes les difficultés.

Je l'ai accomplie, quant à l'Angleterre; elle le sera incessamment, pour la France. Peut-être eût-il été prudent, de ma part, d'attendre que ma mission eût été complétement terminée pour vous en rendre compte. Cependant, ayant recueilli, sur la répression anglaise, des renseignements du plus haut intérêt, j'ai pensé que je ne pouvais trop m'empresser de vous les faire connaître, me réservant, toutefois, de revenir sur les déductions générales que je pourrais en tirer, si, par suite des investigations qu'il me reste à faire, je croyais devoir modifier ou même réformer quelques-unes de mes premières appréciations.

Mais, avant d'exposer le système de répression récemment adopté par le gouvernement britannique, qu'il me soit permis de présenter quelques considérations que suggère natu- Considérations générales.

rellement la portée des questions posées par l'Académie, et que leur généralité rend applicables aux législations de tous les pays.

Il ne suffit pas au législateur d'édicter, et au juge d'infliger une peine, pour être assuré que son application satisfait pleinement à la nécessité sociale qui a obligé d'y avoir recours. Il faut, en outre, que, par une étude approfondie de la nature, des causes, du caractère des faits, objet des poursuites, la forme de la répression soit tellement appropriée au délit, qu'elle ait le double effet d'amener, en le frappant au cœur, la régénération du coupable, et de prémunir la société contre le retour des actes dont elle a eu à souffrir.

Mais comment parvenir à découvrir les causes des crimes? Cette recherche, qui peut être facile pour certains cas particuliers, l'est-elle également lorsqu'il s'agit de poser des règles générales? On sent que, si le doute à cet égard était permis, il faudrait renoncer à formuler aucune législation générale?

Les actes punissables peuvent se classer en trois grandes catégories :

1° Ceux qui affectent directement la société tout entière, et, par suite, les relations que les hommes ont, soit entre eux, soit avec le gouvernement qui les régit;

2° Les crimes contre les personnes, ce qui comprend toutes les variétés d'attentats, depuis les simples coups et blessures jusqu'au meurtre prémédité;

3° Les atteintes à la propriété, ayant pour objet de s'approprier illicitement ou de détruire méchamment ce qui appartient à autrui.

Cette classification est simple, mais chaque catégorie se

subdivise nécessairement en autant de variétés que la malice humaine peut inventer de moyens de nuire.

Si les crimes politiques sont placés au premier rang, ils le doivent à l'extrême gravité du danger qu'ils font courir à la chose publique. Est-il, en effet, de plus grands attentats que ceux qui s'attaquent à l'ordre établi, pour le détruire, ou pour changer violemment les bases sur lesquelles il repose; qui, en troublant ainsi la paix intérieure d'un pays, dont ils arment les citoyens les uns contre les autres, peuvent, dans certains cas, le commettre avec l'étranger, et amener des collisions de peuple à peuple; qui, enfin, en contribuant par les excès qui en sont ordinairement la suite, à l'anéantissement de la fortune publique, amènent nécessairement aussi l'anéantissement des fortunes privées!

Si on recherche la cause de cette nature de crimes, on la trouve le plus souvent dans l'orgueil de ceux qui, peu satisfaits de la place qu'ils occupent dans la société, fondent sur les bouleversements et le désordre l'espoir d'une situation meilleure; ou bien, c'est l'ambition déçue, source d'un mécontentement dont le paroxysme se traduit en actes coupables; ou bien encore ce sont des esprits faux qui, se donnant à eux-mêmes la mission providentielle de reconstituer l'ordre social, érigent en systèmes les rêves de leur pensée, en poursuivent la réalisation par tous moyens et à tout prix; novateurs redoutables qui, en faisant appel à des espérances chimériques sous lesquelles se cachent de perverses convoitises, découragent le travail, irritent la misère; et, après avoir ainsi jeté le trouble dans les idées comme dans les existences, finissent par être les premières victimes de ces erreurs qui ébranlent le monde!

Crimes politiques.

Les machinations qui précèdent et préparent les crimes politiques sont d'autant plus menaçantes, que, pour certains esprits, elles ont un grand attrait; le voile qui les couvre plaît à ces natures mystiques pour qui l'ombre est préférable au grand jour; poussées par un prosélytisme ardent à former des associations dont la première condition est le secret; jalouses de l'importance attachée à leur direction, ne reculant devant rien de ce qui peut l'accroître, conspirer est leur vie. Conspirer est l'idée fixe qui survit à la défaite, à la ruine, aux condamnations, à la grâce; que rien n'attiédit, ne décourage, et ne désarme. Leurs adeptes, à leur tour, sans se rendre précisément compte du mobile auquel ils obéissent, sont flattés d'avoir été jugés dignes de coopérer à l'œuvre à laquelle ils s'affilient. Leur imagination s'exalte; les serments exigés, les mots d'ordre donnés et reçus, le périlleux mystère des réunions nocturnes, les péripéties de ce drame qui présente un continuel mélange de craintes et d'espérances; enfin, la contagion d'une même foi dans un même avenir, tout concourt à agir fortement sur ces âmes qui ne s'appartiennent plus, et c'est ainsi que, de proche en proche, l'association s'étend, grandit, se recrutant parmi les désœuvrés, les gens sans aveu, les repris de justice, et appelant à elle tout ensemble et les caractères énergiques qui ont besoin d'un aliment, et les caractères faibles qui sentent la nécessité d'une protection; vaste réseau qui, à un temps donné, enveloppe des contrées entières; nation souterraine occupée sans relâche à miner les fondements de la société!

Celle-ci n'a pas trop de toutes ses forces pour résister à des entreprises qui, se couvrant d'apparences quelquefois généreuses, peuvent, par cela même, faire de nombreux partisans, et devenir ainsi très-menaçantes pour la tranquillité publique.

La répression de semblables désordres exige une législation énergique, mais appliquée avec une grande modération. Énergique! pour atteindre les véritables instigateurs, et séparer d'eux, par l'effet de l'intimidation, les hommes faibles qui se sont laissé entraîner; appliquée avec modération! car l'expérience a prouvé qu'une justice implacable à l'égard des coupables de crimes politiques irrite les esprits au lieu de les ramener, et augmente le mal, bien loin de le guérir.

Les crimes contre les personnes, qui forment la seconde catégorie, présentent une diversité qui doit être attentivement appréciée : si quelques-uns d'entre eux ont pour mobile une prédisposition instinctive qui porte à verser le sang avec une sorte de sensualité sauvage, monstrueuse exception dont, à l'honneur de l'humanité, nos fastes judiciaires offrent peu d'exemples; s'il en est d'autres qui font servir l'instrument du meurtre à faciliter la perpétration ou à assurer l'impunité d'autres crimes, tels que le vol, l'extorsion, l'attentat à la pudeur, etc., etc., un plus grand nombre est le résultat, ou de l'une de ces grandes passions : l'amour, la haine, la vengeance, qui, en envahissant le cœur, obscurcissent la raison; ou de circonstances fortuites, imprévues, ayant pour effet de substituer à la réflexion l'entraînement, et la fièvre des sens au calme de la volonté. Les premiers de ces crimes, tant ceux qui procèdent d'une brutalité féroce que ceux qui emploient la violence comme auxiliaire, ne permettent d'espérer l'amendement de leurs auteurs qu'à la suite de longues et rigoureuses épreuves. Il y a là instincts mauvais, corruption invétérée, habitude du mal; le temps peut seul faire pénétrer dans ces âmes déchues, et pour ainsi dire une à une, les bonnes semences propres à y faire revivre le sentiment moral.

Il n'en est pas de même des crimes accomplis sous l'empire d'une grande passion ou d'une circonstance qui surgit inopinément. La passion assouvie ou calmée, la circonstance, qui n'est qu'un accident dans la vie, n'étant pas d'ordinaire de nature à se reproduire, on peut se flatter d'amener promptement la régénération du coupable par le repentir. Chez lui, le sentiment moral a pu n'être que suspendu; il est facile, avec un peu de soin, de lui rendre sa force et de raviver son action.

Donc, si les crimes contre les personnes jettent dans la société une perturbation plus grande que les atteintes portées à la propriété, ils ne supposent pas toujours une perversité aussi profonde et aussi avancée.

Dans nos bagnes, dans nos maisons centrales de détention, il se trouve des hommes à qui la faveur des circonstances atténuantes en a seule ouvert les portes. S'ils n'achevaient pas de se corrompre par leur contact avec leurs compagnons de captivité, nul doute qu'ils ne pussent, à leur libération, reprendre sans danger leur place dans la société. Une de ces maisons notamment renferme deux cent cinquante Corses condamnés pour assassinat : la plupart n'ont fait qu'obéir à ce préjugé déplorable qui, imposant la vengeance comme un devoir, fait de ce devoir prétendu une tradition de famille et une nécessité d'honneur. J'ai vu ces hommes : tous ou presque tous accusent à un haut degré, par leur attitude, par leur langage, par les habitudes de leur vie, un sentiment prononcé de dignité personnelle. Ils vivent entre eux, s'isolant des malfaiteurs dont les rapproche leur peine, excluant avec mépris de leur société trois de leurs compatriotes, condamnés pour vol, et qui, sous le poids de cette réprobation, se voient forcés, dans les heures de repos, de se tenir à l'écart et de se suffire à eux-mêmes.

Il y a encore cela de remarquable, que, nonobstant cette égalité de la prison qui place sous le même niveau ceux que réunit une expiation commune, ces Corses conservent dans leurs rapports respectifs le respect des supériorités sociales. L'un d'eux, également condamné pour assassinat, appartient à l'une des familles les plus distinguées de leur pays : ils l'entourent de témoignages de déférence, le qualifient d'illustrissime, et le considèrent comme leur chef.

On voit par là combien peu les idées démagogiques qui se sont emparées de tant d'autres populations ont eu d'accès parmi eux. Ils inspirent même à cet égard une telle confiance que, les démagogues du dehors ayant manifesté l'intention de forcer, à un moment donné, les portes de la prison pour délivrer les douze cents condamnés qu'elle renferme, le directeur se proposait de demander des armes à l'autorité pour les remettre aux mains de ses Corses, persuadé qu'il était qu'avec leur aide, dont il ne doutait nullement, il parviendrait à la fois à contenir les autres prisonniers et à repousser la tentative d'agression qui lui était annoncée.

Retranchez donc de la vie de ces malheureux le fait coupable qui a motivé leur condamnation; placez-les dans d'autres circonstances, dans un milieu différent, en dehors de ce fanatisme héréditaire qui, dès leurs plus jeunes années, s'est assis avec eux sur leur foyer, et vous aurez des citoyens probes, honnêtes, consacrant à la pratique du bien et au service du pays cette énergie qui a été détournée au profit du crime !

La conclusion de ce qui précède est que, s'il importe de réserver aux attentats contre les personnes les plus menaçantes rigueurs d'une pénalité proportionnée au danger qu'ils présentent et à l'effroi qu'ils inspirent, il est juste d'envisager, en général, la condition morale de leurs auteurs comme plus susceptible d'amendement que celle des hommes qui ont encouru à un moins haut degré la réprobation publique, et de se rappeler qu'en les préservant des influences corruptrices de la prison on peut espérer que, rendus plus tard à la société, ils ne lui donneront pas de nouveaux sujets d'alarmes.

Crimes contre les propriétés.

La catégorie des crimes contre les propriétés est la plus nombreuse : abus de confiance, vols simples ou qualifiés, escroqueries, banqueroutes frauduleuses, etc., etc., tels sont les principaux éléments dont elle se compose. C'est dans les plus basses régions du cœur de l'homme que se cache le mobile qui y conduit ; c'est au sein de la paresse, de la débauche, des désordres de toutes sortes que fomente et s'exerce sans relâche cette activité, ingénieuse à se créer aux dépens d'autrui des ressources ou des jouissances devenues également nécessaires. Chez ces malheureux, la conscience ne parle plus. Le mal engendre le mal ; aux habitudes de déprédation se joint le cynisme des mœurs, et l'abandon de toute règle amène la violation de toute morale.

C'est parmi ces êtres déchus que la récidive est la plus fréquente. La dégradation où ils sont tombés réclame d'une répression intelligente l'emploi de moyens appropriés à leur mauvaise nature, pour la redresser, et, s'il est possible, la rendre meilleure : ici, amender c'est transformer.

Nous avons signalé les causes générales auxquelles doit s'attacher le législateur pour déterminer les peines diverses applicables aux diverses infractions, et combiner dans le choix de ces peines, avec l'intimidation, qui a pour objet de prévenir le crime, l'effet moralisateur de sa répression.

Causes particulières des crimes.

Si de ces causes générales nous passons aux causes particulières d'où dérive chaque fait punissable, nous sommes amenés à reconnaître qu'elles varient à l'infini; que le juge seul est en situation de les apprécier, et que ce n'est qu'en les étudiant avec soin qu'il peut, dans la mesure et dans les limites du pouvoir qui lui est imparti par la loi, faire de ses dispositions une application sage et équitable.

Aux États-Unis d'Amérique, on attache une telle importance à la connaissance de ces causes, que le magistrat qui prononce une condamnation est tenu de rédiger à l'instant des notes sur les diverses circonstances du crime, sur la vie antérieure du coupable, ses habitudes, ses instincts, sur les faits importants que les débats et l'instruction ont révélés; il y joint enfin son opinion personnelle sur le degré de perversité de celui qu'il a jugé. Ces notes envoyées, avec copie de l'arrêt, au directeur du pénitencier dans lequel le condamné doit subir sa peine, indiquent à ce fonctionnaire la conduite qu'il a à tenir envers lui, la nature des exhortations et des encouragements qu'il doit employer à son égard, de manière à pouvoir attaquer dans leur source et avec succès les penchants auxquels il a cédé, les habitudes vicieuses qui l'ont perdu.

C'est la juste appréciation des causes qui, pour tout tribunal, constitue la bonne justice.

Mais pour que cette appréciation soit vraiment éclairée, le juge doit se pénétrer de ce qui se passe dans l'âme d'un accusé au moment où il est amené devant son tribunal, afin de ne pas confondre, avec l'audace d'un coupable endurci, la fausse assurance de l'homme qui veut laisser croire qu'il n'a rien à redouter de l'accusation dont il est l'objet.

C'est, en effet, une grande et solennelle épreuve que celle de sa comparution devant ses juges! Le temps qui précède a été pour lui rempli d'angoisses. Si surtout c'est pour la première fois qu'il est appelé à rendre compte de ses actes, une appréhension extrême le saisit. Un magistrat habile peut tirer grand parti de cette disposition. S'il se pose en ennemi, s'il n'a pour l'accusé que des paroles amères, au lieu du repentir, il provoquera l'irritation, et il arrêtera sur ses lèvres l'aveu qui était peut-être près d'en sortir.

Si au contraire il l'interroge avec bonté, si, en le plaçant en face de son crime, il s'attache à lui faire comprendre le tort qu'il a fait à la société et celui qu'il s'est fait à lui-même, le résultat de cet interrogatoire sera d'autant plus salutaire à l'accusé que son émotion aura été plus forte. Frappé de cet appareil nouveau pour lui, identifiant la justice avec celui dont la dignité calme et exempte de passion lui en offre la plus fidèle image, il reçoit de tout ce qui se passe sous ses yeux une impression désormais ineffaçable. Que si, nonobstant sa culpabilité, et grâce à la faiblesse des indices qui l'accusent, sa défense sort victorieuse de ces débats, la leçon qu'il aura subie profitera à son avenir; il lui suffira de se la rappeler pour résister aux entraînements qui l'ont rendue nécessaire.

Nos statistiques criminelles ne nous apprennent pas si, parmi les détenus qui accomplissent leur peine, il s'en trouve beaucoup qui aient été acquittés à la suite d'une première accusation, mais plusieurs directeurs de lieux de répression m'ont assuré que le nombre des condamnés qui se trouvent dans cette position est très-restreint; il n'est surtout pas en rapport avec le nombre des acquittements, puisque ceux-ci sont dans la proportion habituelle d'environ quarante pour cent en matière criminelle, et de quinze pour cent en matière correctionnelle; preuve évidente que, tout en tenant compte du nombre d'innocents qui figurent parmi les accusés, le souvenir qu'a laissé dans le cœur du coupable déchargé de l'accusation cette heure de sa vie où la justice s'est manifestée à lui dans toute la majesté de sa souveraine puissance, tempérée par la douceur paternelle de ses formes, a, dans la plupart des cas, porté d'heureux fruits.

L'influence de ce souvenir n'est pas moins efficace sur celui dont la culpabilité reconnue a appelé sur sa tête une condamnation. Si l'instruction orale de l'affaire a été dirigée comme elle devait l'être, la trace de l'audience se retrouvera dans le lieu assigné à la peine; et pourvu que le condamné reste livré à ses inspirations, pourvu que le souffle de la corruption ne vicie pas l'air qu'il respire, il se sentira arrêté par le sentiment de douleur et de honte attaché au banc où il s'est assis, sur la pente fatale qui l'y avait amené.

On acquiert cette conviction, lorsque, dans le régime actuel de nos lieux de répression où la vie commune entre les détenus existe encore, on observe avec quelque attention

Arrivée
d'un détenu
dans
la prison.

le condamné, ou seulement le prévenu ou l'accusé, au moment de son arrivée parmi les autres prisonniers.

S'il est arrêté pour la première fois, ou s'il est sous le coup d'une première condamnation, il paraît aussi surpris qu'il est mal à l'aise de se trouver au milieu des êtres dégradés qui vont faire sa société de chaque jour; ses premiers pas parmi eux sont timides, il se tient à l'écart, il est embarrassé de lui-même. Si on pouvait le préserver du contact qu'il va être obligé de subir, cette précaution si simple aurait une influence décisive sur ses dispositions; mais il est bientôt entouré, on lui fait honte de sa réserve, on l'excite à s'en dépouiller; on l'initie aux habitudes de la maison, à ces mœurs nouvelles qui n'ont aucun analogue dans la vie libre; on lui apprend la langue des malfaiteurs, les termes techniques qu'ils donnent à chaque chose; insensiblement on l'aguerrit, et après peu de temps il se trouve à l'unisson des autres détenus.

Mais si c'est à l'état de récidive qu'il rentre dans la prison, des yeux exercés l'auront bientôt reconnu; il ne sera pas nécessaire pour cela de recourir à son dossier: son allure dégagée, son ton suffisant, l'air satisfait de lui-même avec lequel il aborde les autres prisonniers, font tout de suite apercevoir en lui un vétéran du crime, qui a mis de côté toute honte, et qui non-seulement se vantera de ses méfaits, mais qui, pour accroître son importance aux yeux des autres détenus, ne craindra pas de les exagérer.

Vous voyez par là, Messieurs, combien il importe que l'atmosphère dans laquelle le condamné va être placé soit pure. C'est donc un devoir pour la société de la rendre telle, et d'éviter qu'il se corrompe davantage ou qu'il corrompe les autres. Si elle néglige ce soin, elle ne pourra accuser qu'elle du trouble nouveau qu'elle recevra des récidives : ce sera son insouciance qui les aura fait naître.

Mais je suppose que tous les moyens de moralisation aient été employés à l'égard du condamné, et qu'homme nouveau, il sorte du séjour où le retenait sa peine avec la ferme résolution de vivre honnêtement : de terribles épreuves l'attendent dès les premiers jours de sa libération. Un passeport indiquant sa situation particulière lui est donné pour se rendre dans le lieu qui va devenir celui de sa résidence. Signalé de toutes parts, on le fuira, parce que l'idée qu'on se forme de nos bagnes et de nos prisons, dans leur état actuel, accrédite l'opinion que le libéré n'a pu en sortir qu'avec un degré de corruption de plus. Il aura donc une peine infinie à trouver de l'ouvrage, et la plupart du temps, privé de tout appui, manquant de ressources, sera-t-il surprenant que ses bonnes résolutions faiblissent de nouveau, et que la misère le restitue au crime?

Que sera-ce, si la vie commune de la prison prolonge au delà de sa durée son action malfaisante? Qu'un jeune libéré qui n'était pas né pour le mal s'efforce de racheter ses premiers écarts par une conduite sans reproche; qu'il parvienne à se créer d'utiles ressources au moyen de la confiance méritée qu'il inspire : un homme se présente sur son chemin, et aussitôt se dresse devant lui le souvenir vivant de cette captivité ignominieuse qu'ils ont supportée ensemble. Plus de repos désormais pour le malheureux, poursuivi nuit et jour par la crainte d'une révélation qui le perdra. Ce n'est pas tout d'acheter au prix de ses sueurs et de ses épargnes un silence plein de menaces. Le moment viendra tôt ou tard où, sous le poids de la domination à laquelle il ne lui est pas donné de se soustraire, il se verra forcé d'être complice de celui dont il n'est encore que la victime; triste et inévitable conséquence de cette association dans la peine qui engendre l'association dans le crime, et qui rive à son passé l'homme le plus fermement décidé à en effacer la trace!

De cette situation que nous avons faite aux libérés découlent la plupart des désordres dont nous sommes témoins; ils s'abattent dans nos villes avec l'espoir d'y cacher leur honte. Réduits à l'impossibilité de s'y soutenir par le travail, ils s'organisent pour y suppléer par des moyens coupables, et forment cette milice active, remuante, qui apparaît toujours dans nos troubles civils, se met au service de toutes les passions ennemies de l'ordre, déshonore tous les partis par les excès auxquels elle se livre, et oppose un perpétuel obstacle au maintien de la paix publique.

En résumé, emprisonnement préventif, jugement, condamnation, exécution de la peine, libération, tels sont les points qui méritent de fixer spécialement l'attention du législateur, du magistrat, du moraliste.

Leur examen, Messieurs, est, comme je l'ai dit, l'objet de la mission que vous avez daigné me confier.

J'ai pensé que je ne l'accomplirais qu'imparfaitement, si, en ce qui concerne l'Angleterre du moins, je procédais à l'aide de mes seules lumières aux investigations dont vous m'avez tracé le plan.

J'ai donc jugé utile de prier M. l'agent général de notre Société de patronage pour les jeunes libérés de la Seine, M. de Grellet-Wammy, de m'accompagner. La connaissance parfaite qu'il a de la langue anglaise, une longue expérience acquise dans la sous-direction du pénitencier de Genève, auquel il avait consacré plusieurs années de sa vie, et les études pratiques consignées dans un remarquable ouvrage sur les prisons, devaient me rendre son concours très-profitable.

Muni d'ailleurs de l'extrait de vos délibérations qui expliquait le but de ma mission, muni aussi de lettres qu'avec une obligeance parfaite l'un de nos honorables confrères, ancien ambassadeur à Londres, et si compétent lui-même dans ces sortes de matières, avait bien voulu me donner pour quelques hommes éminents de la Grande-Bretagne, je ne pouvais manquer d'être accueilli avec une bienveillante faveur et de trouver toutes les facilités pour atteindre le but que vous m'aviez assigné.

L'administration de la justice criminelle en Angleterre a des différences notables avec la nôtre ; aussi un aperçu rapide à cet égard peut-il être nécessaire pour faciliter l'intelligence de ce que j'ai à dire sur la répression pénale de ce pays.

La justice la plus rapide, la plus simple, est en premier lieu celle des cours de comtés, qui sont tenues par les shériffs. La compétence de ces cours est très-limitée ; elles ne peuvent ordonner des arrestations, ni prononcer des condamnations à l'emprisonnement, mais seulement à des dommages-intérêts qui n'excèdent pas 40 schellings.

Il y a, en second lieu, en vertu de plusieurs actes du parlement, une justice sommaire pour la poursuite et la répression de certains délits désignés par ces actes. Le jury n'intervient pas, le juge statue seul. A cet effet, chaque comté est partagé en districts, de manière à rendre l'expédition des affaires plus facile.

Les juges de paix résidant dans chaque district, quoique leur mandat s'étende à tout le comté, se bornent ordinairement à expédier les affaires qui surgissent dans leur circonscription.

Quelques-unes de ces affaires, sans être de l'importance de celles qui sont portées aux sessions trimestrielles ou générales, exigent cependant la présence de plus d'un magistrat. Alors deux ou plusieurs juges se réunissent pour les expédier dans un lieu indiqué. Ces réunions sont proprement appelées *petty sessions*.

On comprend dans les causes sommaires tous les délits de fraude en matière d'impôts. On y comprend encore certains désordres, pour lesquels les juges de paix peuvent infliger de petites amendes, ou certains châtiments corporels stipulés par actes du parlement ; au nombre de ces désordres sont le braconnage, le dommage volontaire, les jurements, l'ivrognerie, le vagabondage, la paresse, et autres, qui précédemment étaient punis par le verdict d'un jury, ou par la cour de Leet (petite cour de censure).

Ces procédures sommaires sont en dehors de la loi commune, et paraissent avoir été instituées par suite de l'accroissement de la population, de la multiplicité des dispositions fiscales, et afin d'éviter les frais et les délais auxquels donnait lieu la poursuite devant les tribunaux réguliers d'une multitude de petits délits.

Viennent en troisième lieu les cours de *general quarter sessions*, qui se tiennent dans chaque comté une fois tous les trois mois par les juges de paix réunis ; elles jugent les troubles apportés à la tranquillité publique : *misdemeanors*, c'est-à-dire les vols, les batteries, et autres faits de même nature; elles prononcent la transportation, l'emprisonnement, l'amende ou le fouet.

Enfin les cours d'assises et de *nisi priùs* sont composées de deux grands juges qui, deux ou trois fois par an, parcourent le royaume, et rendent la justice, l'un au civil, l'autre au criminel, dans le circuit qui leur est assigné, avec l'assistance des jurés.

A Londres, il y a une cour criminelle centrale, composée des mêmes juges et d'un jury, pour les crimes commis dans la métropole et dans les comtés d'Essex, de Kent et de Surrey. Les sessions de cette cour ont lieu au moins douze fois par an.

Les crimes les plus atroces, comme le meurtre, le vol de nuit avec effraction, etc., sont jugés par les cours d'assises, qui prononcent la peine de mort, la transportation, etc.

Telle est l'organisation des tribunaux dans le Royaume-Uni.

Voici maintenant la marche de la procédure.

Le premier pas est l'arrestation du délinquant; elle a lieu en vertu d'un décret de prise de corps, *warrant for arrest*, qui est ordinairement délivré par le juge de paix dans le ressort duquel le crime a été commis. Lorsque le warrant est délivré par l'un des grands juges, il peut être mis à exécution dans tout le royaume. — Certains autres magistrats ou fonctionnaires, tels que le shériff, le coroner, le constable, le watchman, ont le droit d'arrestation sans warrants, dans les cas de flagrant délit; de même que tout citoyen qui est présent à un acte de félonie est obligé par la loi d'arrêter le félon, et il est puni d'amende et d'emprisonnement si le malfaiteur s'échappe par sa négligence.

Lorsqu'un individu est arrêté, il est conduit devant le juge, et se trouve par ce fait en état de prévention (*committed*). Il peut donner caution (*bail*) de se représenter à la prochaine session ; mais aucun juge de paix ne peut accepter caution, lorsque l'arrestation a eu lieu pour causes de trahison, meurtre, incendie ou homicide, à moins que le prévenu ne soit que simplement soupçonné du crime.

Après le *committement* vient l'*indictement*, ou accusation écrite devant le grand jury.

Celui-ci est convoqué par le grand shériff ; il se compose, comme on le sait, de douze à vingt-trois des plus notables citoyens du comté. Après avoir entendu les dépositions des témoins produits, s'il trouve l'accusation fondée, il inscrit au bas ces mots : *A true bill*, bill exact ; si elle ne lui paraît pas telle, il écrit ces autres mots : *Not found*, non trouvé.

Pour que le bill d'accusation soit endossé par le grand jury, il faut au moins douze voix.

Aussitôt et immédiatement après, l'accusé est amené devant le petit jury, qui prononce sur sa culpabilité. Celui-ci est composé de douze citoyens ; de sorte qu'en Angleterre nul n'est convaincu de crime sans l'assentiment de vingt-quatre de ses pairs.

A la *décision* du jury succède la *sentence ;* puis le *pardon,* s'il y a lieu, et enfin l'*exécution.*

L'infliction de la peine capitale a lieu par strangulation. Au-dessous de cette peine sont la transportation, l'emprisonnement, la confiscation, la fustigation, la perte des droits civils...

La sévérité des peines a graduellement diminué en Angleterre depuis un certain temps.

On ne fustige plus les femmes en public, on ne brûle plus ;
le pilori est aboli ; le corps des suppliciés n'est plus exposé
suspendu par des chaînes et disséqué. La peine de mort a
cessé d'exister pour les crimes de rapt, de faux, de sacrilége,
de vols de diverses espèces. Les seuls crimes auxquels elle
soit maintenant appliquée sont : la trahison, le meurtre, la
sodomie, le vol de nuit avec effraction, et violence, et
le crime d'incendie ; encore faut-il pour ces deux derniers
qu'ils soient accompagnés de tentatives de meurtre.

Si, nonobstant cette limitation, la peine capitale est souvent prononcée, elle est souvent aussi commuée en d'autres
peines. Ainsi, en 1848, sur 60 sentences de mort portées en
Angleterre et dans le pays de Galles, il n'y a eu que 12 exécutions. A l'égard de 45 condamnés, la peine a été réduite à
la transportation à vie ou à temps ; pour l'un d'eux, au simple
emprisonnement ; 2 ont été graciés.

En 1849, sur 66 condamnés de cette catégorie, 15 seulement ont été exécutés.

La situation de l'Irlande exigeait une répression plus sévère. En 1848, sur 60 condamnations à mort, il y a eu 28
exécutions ; 27 condamnés ont été transportés ; 5 grâces ont
été accordées.

L'Écosse, dans la même année, n'a eu que 4 condamnations à mort, et 2 exécutions.

Vous voyez par là, Messieurs, que la peine substituée,
dans beaucoup de cas, à celle de mort, est la transportation
à vie ou à temps. La durée de cette dernière n'est pas de
moins de sept ans, avec faculté de soumettre le condamné,
avant la transportation, à un emprisonnement cellulaire et à
des travaux publics pendant quatre ans au plus.

Lorsque la peine de l'emprisonnement est prononcée seule, elle n'excède pas trois ans, rarement quatre : elle n'est jamais portée au delà; et comme on vient de voir que le minimum de la transportation est de sept ans, on est surpris de ne pas trouver d'intermédiaire entre ces deux peines.

Dans chaque comté, il doit y avoir au moins une prison commune et une maison de correction.

Quand un comté est divisé en plusieurs districts qui ont des commissions de paix distinctes, une maison de correction doit être affectée à chacun d'eux; les vagabonds et les individus condamnés sommairement par les magistrats aux quatre sessions y sont renfermés; ces magistrats en ont la surveillance spéciale.

La prison commune, qui est sous la garde du shériff, est destinée aux meurtriers et aux félons.

Les débiteurs sont renfermés dans la même prison, à moins qu'ils ne soient transférés, par *habeas corpus,* dans la prison de la cour d'où le procès est issu.

La maison de correction pour le comté de Middlesex est une prison légale, affectée à la garde des accusés de haute trahison. La Tour de Londres est aussi, de temps immémorial, une prison légale pour les prisonniers d'État.

A chaque *quarter session* des juges de paix, un ou plusieurs d'entre eux sont désignés pour visiter les prisons situées dans leur juridiction, et chargés de faire un rapport sur l'état où ils les trouvent. Ces rapports servent de base à un rapport général qui est transmis annuellement au principal secrétaire d'État par le président des *quarter sessions*.

Tout juge de paix dans la juridiction duquel se trouve une prison, a le droit d'y entrer, de l'examiner, de constater les abus et d'en faire rapport, bien qu'il n'ait pas été commis spécialement pour la visiter.

En général, cependant, la tenue et l'administration des prisons de bourgs et de comtés laissant beaucoup à désirer, leur situation appela l'attention du Parlement. L'enquête qu'il ordonna pour cet objet eut lieu en juillet 1850; elle porta principalement sur le choix et la moralité des directeurs de ces prisons.

On y voit que, le plus souvent, les directeurs, ainsi que les autres employés, pris dans les classes obscures de la société, manquent d'éducation, et sont peu propres aux fonctions qu'ils remplissent; que le faible traitement que les directeurs reçoivent, et qui varie de 100 livres sterling à 350, ne tente que les hommes qui, par leur ignorance et leur absence de capacité, ne seraient pas en état de se faire une position meilleure.

Les directeurs des maisons de correction du comté sont nommés par les magistrats réunis en session trimestrielles; ceux-ci ont le droit de les révoquer. Les directeurs des prisons communes sont au choix du shériff, qui, cependant, est tenu, avant de faire la nomination, de consulter les magistrats; mais le droit de révocation lui appartient dans tous les cas.

Ce sont les magistrats qui fixent le salaire du directeur, même de ceux nommés par le shériff, ce qui leur donne le moyen d'exercer sur les choix que fait celui-ci une sorte de contrôle. Ainsi, l'enquête révéla qu'un shériff avait nommé directeur d'une prison très-importante un homme qui avait été son domestique; les magistrats réduisirent considérablement son salaire, comme seul moyen de le forcer à donner sa démission. Le conflit dura près d'une année, après laquelle l'intrus se retira.

La conclusion de l'enquête fut notamment, quant aux directeurs, qu'il fallait élever leurs émoluments, afin de pouvoir obtenir un choix d'hommes plus instruits, plus capables, et d'une moralité plus éprouvée.

Telles sont, en général, les prisons de bourgs et de comtés, dont le régime change selon la volonté ou la fantaisie des magistrats sous l'autorité desquels elles sont placées.

Après ces prisons viennent les grands établissements pénitentiaires du gouvernement, c'est-à-dire ceux qui font réellement partie du mode de répression et d'amendement récemment adopté.

Mais, avant de vous en entretenir, voyons comment le gouvernement anglais a été amené à modifier aussi profondément, et, je dirai, aussi heureusement qu'il l'a fait, le système précédent.

Déportation à l'époque du rapport fait à la Chambre des pairs en France.

Lorsqu'en 1847 notre ancienne Chambre des pairs fut saisie d'un projet de loi sur le régime des prisons, la commission chargée de l'examen de ce projet eut à approfondir la question de la déportation, afin de juger s'il était possible d'adopter pour nous ce moyen de répression.

Rapporteur de la commission, je dus jeter un coup d'œil sur la déportation anglaise, en suivre les diverses phases, et montrer ce qu'elle était au moment où nous nous occupions nous-mêmes de cette importante question.

Je ne puis mieux faire que de transcrire ce que j'en disais alors. Les détails que je donnais étaient puisés dans des documents authentiques fournis par le gouvernement anglais lui-même. Ils me serviront de transition pour expliquer les changements opérés depuis lors par nos voisins dans leur système répressif.

« Avant l'émancipation de l'Amérique anglaise, la déportation, disais-je, avait lieu dans la province du Maryland. Cette peine était appliquée depuis cinquante-six ans, lorsque la guerre maritime et l'insurrection des colonies forcèrent le gouvernement à suspendre l'envoi des convicts.

« Le 6 décembre 1786, un ordre du conseil désigna la côte orientale de l'Australie pour y fonder l'établissement pénal, et les premiers condamnés y arrivèrent au mois de janvier 1788.

« Depuis cette époque jusqu'à l'année 1820 ils furent les seuls colons. Cette première période de l'histoire de la colonie fut déplorable : indiscipline, révoltes continuelles, bandes de maraudeurs organisées qui se réfugiaient dans les bois pour tomber ensuite sur les habitations et les piller; manque de vivres, et, par suite, famine, vie licencieuse à laquelle participaient les soldats chargés de la garde de l'établissement, et même leurs officiers, châtiments multipliés, gibets en permanence, déposition d'un gouverneur : tel fut pendant cette période, l'état misérable de la colonie, qui reçut ainsi de la mère patrie 25,878 déportés, parmi lesquels on ne comptait que 3,661 femmes. Cette disproportion entre les deux sexes ajoutait aux causes de désordre. Les deux tiers des naissances étaient illégitimes; elles n'excédèrent pas 1,500 dans le cours de ces trente-deux années. Une succursale fut établie à Van-Diémen, située à soixante-quinze lieues de la colonie au sud de la Nouvelle-Hollande, et une autre à l'île de Norfolk.

« Dès 1820, des émigrants venus de la Grande-Bretagne

et favorisés par le gouvernement s'établirent au milieu des convicts; des terres leur furent concédées, en même temps que des condamnés étaient mis à leur disposition pour les aider dans leurs travaux. La seule obligation imposée aux colons fut de leur fournir le vêtement et la nourriture. C'était pour le condamné un état presque analogue à l'esclavage; seulement le maître ne pouvait pas le châtier lui-même, il devait s'adresser au magistrat, qui ordonnait la punition sur son simple témoignage.

« Ce fut de ce moment que la colonie changea de face. Dès 1835, elle comptait déjà 100,000 colons appartenant à la classe des hommes libres; mais le nombre des convicts, malgré l'accroissement qu'il recevait chaque année, demeurait à peu près toujours le même: il était d'environ 3o,ooo, sur lesquels on comptait 17,000 émancipés.

« Parmi ceux-ci, il s'en trouvait quelques-uns qui avaient acquis de grandes richesses par des moyens la plupart honteux ; or, les récits qui parvenaient dans la mère patrie, de ces fortunes prodigieuses, n'étaient pas de nature à faire redouter beaucoup la peine de la déportation.

« A mesure que la colonie faisait des progrès, la population libre, qui, par l'effet de son augmentation, trouvait moins d'utilité dans le travail des condamnés, supportait impatiemment le trouble qu'ils lui apportaient. Les crimes augmentaient en effet dans une proportion bien plus grande que la population; ils étaient, en 1829, de 1 sur 157 habitants, et en 1836, le rapport était de 1 sur 104, tandis qu'il n'est, dans la Grande-Bretagne, que de 1 sur 85o ; et cependant, par l'effet du vice inhérent au système de déportation alors suivi, la criminalité dans la mère patrie ne cessait également de s'accroître.

« Les esprits s'émurent de cette situation ; plusieurs comités reçurent successivement mission de rechercher les causes et d'indiquer le remède. Celui qui fut nommé en 1837 se prononça fortement pour l'abolition de la déportation ; celui de 1838 proposa de renoncer immédiatement au système d'assignation, c'est-à-dire de placement des convicts auprès des colons. Le parlement ne se borna pas à approuver cette mesure ; par un acte de la même année, il admit, comme système légal d'emprisonnement, la séparation de tous les prisonniers, prévenus ou condamnés, pendant toute la durée de leur peine.

« Aussi, dès 1840, la transportation cessa-t-elle à la Nouvelle-Galles, et fut-elle provisoirement bornée à Van-Diémen et à l'île de Norfolk.

« Les condamnés arrivés à Van-Diémen y étaient soumis à diverses périodes d'épreuves ; on y eut recours aussi à divers moyens de punition, dont le plus élevé était l'envoi à l'île de Norfolk. Mais il se passait dans cette petite île, qui n'a que cinq lieues de circonférence, et dans laquelle il ne se trouvait d'autre population que les condamnés et leurs gardiens, des désordres d'une telle nature, que le 30 septembre 1846 le gouvernement anglais expédia l'ordre de dissoudre cette colonie (ordre qui, cependant, ne fut pas exécuté).

« L'insubordination et la corruption dans Van-Diémen, quoique moins menaçantes, parce que les condamnés se trouvaient disséminés sur un plus grand espace, étaient cependant telles, qu'à la séance de la Chambre des lords du 6 décembre 1846, elles ont pu arracher à la conscience du noble lord Grey, ministre de l'intérieur, cette exclamation que « c'était une honte, pour le nom anglais, qu'un tel sys- « tème pût être protégé par le pavillon de la Grande-Bre- « tagne. »

Tel était, Messieurs, l'état des choses chez nos voisins à l'époque où notre ancienne Chambre des pairs s'occupait de la question, c'est-à-dire au commencement de 1847.

Alors, le gouvernement anglais avait saisi le parlement d'une proposition qui avait pour objet de substituer à la déportation un système combiné d'emprisonnement cellulaire, de travaux publics en commun et de transportation.

La prison cellulaire de Pentonville avait été construite, et était occupée depuis le mois de décembre 1842; elle était destinée à recevoir un choix de prisonniers qui devaient y subir ce qu'on appelle en Angleterre une période *probatoire* avant d'être transportés dans une colonie.

Une commission composée des hommes les plus éminents avait été désignée pour surveiller l'expérience; on y remarquait les noms du duc de Richmond, de lord John Russell, du major Jebb, surintendant général des prisons, etc.

Cette commission présentait des rapports annuels; le cinquième de ces rapports, daté du 10 mars 1847, faisait l'éloge de la discipline observée à Pentonville, qu'elle montrait comme produisant un effet à la fois moralisateur et intimidant; elle témoignait aussi une grande satisfaction des résultats obtenus par la transportation en Australie.

Voici quelles étaient les bases de ce système :

Tout condamné à la transportation devait subir cette peine pendant une période déterminée et proportionnelle à la durée

de la condamnation; cette période était de plusieurs degrés, décroissant graduellement en sévérité.

Lorsque la peine de la transportation ne dépassait pas
sept années, le premier degré de la période devait être subi
en Angleterre, et le condamné devait être envoyé aux colonies à l'expiration d'un temps de probation déterminé.

En conséquence, le règlement suivant fut affiché dans
chaque cellule de Pentonville :

« Les prisonniers auront la faculté d'apprendre un état ;
« ils recevront une instruction morale et religieuse ; et ils
« seront transportés dans une colonie pénale par classes,
« comme suit :

« Première classe, qui comprend les prisonniers de bonne
« conduite. Ceux-ci, après dix-huit mois, seront envoyés à
« la terre de Van-Diémen, où ils recevront un billet de
« permis.

« Deuxième classe, les prisonniers dont la conduite est
« médiocre. Ceux-ci seront également, après dix-huit mois,
« transportés à Van-Diémen, où ils ne recevront qu'un cer-
« tificat de probation.

« Troisième classe, enfin, les prisonniers qui se conduisent
« mal. Ceux-ci seront transportés à la péninsule de Tas-
« man ; ils y seront occupés à des travaux publics, en es-
« couade de probation, sans gages, et seront privés de leur
« liberté. Sous aucun prétexte, leurs familles ne pourront
« aller les rejoindre. »

Ce règlement, Messieurs, ne concernait que les condamnés
à sept années de transportation : pour ceux condamnés à
plus long terme ou à vie, ils étaient divisés en cinq catégories.

3

Dans la première, on comprenait les condamnés pour la vie ou pour un temps excédant quinze ans. Ceux-là devaient être transférés et détenus à l'île de Norfolk, où ils étaient destinés à subir un temps d'épreuves et demeurer soumis à un régime extrêmement sévère.

Ce temps d'épreuves expiré, et si le résultat en était satisfaisant, le condamné passait au deuxième degré. Il était alors transféré à la terre de Van-Diémen pour y être compris dans les escouades probatoires ; là devaient aussi être conduits, directement de la mère patrie, les condamnés à moins de quinze ans de transportation.

Lorsque le condamné de cette catégorie était jugé suffisamment préparé, il passait dans le troisième degré, et recevait un *certificat de probation,* au moyen duquel il pouvait, avec l'autorisation du gouvernement, entrer au service des particuliers.

Si la conduite du condamné dans cette nouvelle position était exempte de reproches, il recevait un *billet de permis* qui le faisait jouir des mêmes avantages que sous le système des assignations : c'était le quatrième degré.

Enfin, le cinquième et dernier degré consistait dans la grâce conditionnelle ou définitive.

Tel était, Messieurs, le plan auquel, après de longs tâtonnements, le gouvernement anglais s'était arrêté.

Mais à peine le système que je viens d'exposer commençait-il à être mis en activité, que des dépêches du lieutenant gouverneur de la terre de Van-Diémen vinrent déranger la combinaison.

Le point culminant du système était la perspective offerte aux condamnés de pouvoir trouver de l'occupation dans les colonies, d'acquérir par leur travail une honnête aisance, et enfin, d'obtenir la liberté pour prix de leur bonne conduite.

Or, le gouverneur faisait connaître que les demandes d'ouvriers qui avaient lieu de la part des colons avant que le plan fût conçu avaient cessé, que les habitants se suffisaient à eux-mêmes et ne voulaient plus employer les convicts.

On dut dès lors songer à un autre mode; après mûre délibération, on adopta celui qui consistait à envoyer à Port-Philipp, comme *exilés*, les condamnés qu'on envoyait précédemment à Van-Diémen avec des *billets de permis*.

Ce n'était là qu'un expédient qui ne pouvait compléter un système, et qui d'ailleurs n'était appliqué que partiellement.

La dépréciation du travail à la terre de Van-Diémen détermina le gouvernement à suspendre, pendant deux ans, la transportation pour cette partie de la colonie australienne.

Il fallut donc apporter des modifications aux règlements établis, et, dès lors, on arrêta que, pour la première période de leur peine, tous les condamnés subiraient l'emprisonnement séparé dans la mère patrie, et que, pendant la deuxième période, ils seraient employés à des travaux publics, également dans la mère patrie, et non plus à la terre de Van-Diémen.

En conséquence, un nouvel avis, dont voici la substance, fut affiché dans les cellules des maisons pénitentiaires.

« Les prisonniers condamnés à la transportation seront, dans les cas ordinaires, soumis à trois périodes de discipline avant d'atteindre le terme de leur peine, ou avant d'obtenir une grâce conditionnelle dans la colonie où ils seront envoyés.

« La première période se passera dans l'emprisonnement

séparé ; sa durée sera, jusqu'à un certain point, déterminée par le caractère, la conduite, les habitudes laborieuses du condamné.

« Le travail pénal, appliqué à des ouvrages publics sous une discipline sévère, formera la deuxième période, qui pourra être abrégée suivant la conduite des condamnés, et dans la proportion de la durée de la peine.

« Enfin, les condamnés qui entreront dans la troisième période obtiendront un billet de permis, avec lequel ils seront transportés dans l'une des colonies de S. M. »

Le lieu désigné pour l'exécution des travaux publics, dans lequel devait s'écouler la deuxième période, fut la presqu'île de Portland.

Tel est, en définitive, le système actuellement en vigueur chez nos voisins.

Ainsi, lorsque la peine encourue est le simple emprisonnement, elle est diversement subie, selon les comtés où le condamné est détenu : ici, dans le régime en commun avec ou sans obligation du silence ; là, dans celui de la séparation complète, quoique ce dernier régime soit le plus généralement adopté et tend à l'être chaque jour davantage.

Lorsque le condamné a encouru la peine de la transportation, il passe un certain temps en cellule sans aucune communication avec les autres détenus ; puis il est employé à des travaux publics exécutés en commun, sous une discipline très-sévère. C'est après avoir été ainsi préparé qu'il est transporté. Voilà le système en principe ; voici maintenant comment il s'exécute.

Administration des lieux de répression.

Mais avant d'entrer dans cet examen, faisons d'abord connaître les fonctionnaires auxquels le gouvernement anglais confie le soin de diriger cette grande œuvre de régénération sociale.

Il existe, en Angleterre, une institution dont l'ancienne Chambre des pairs française avait vivement réclamé la création, et sans laquelle il sera difficile, et peut-être même impossible chez nous d'entreprendre sérieusement et avec esprit de suite la réforme des prisons. Il y a une administration spéciale pour tous les lieux de répression du Royaume-Uni, pour tous ceux du moins qui sont sous l'autorité immédiate du gouvernement.

A la tête de cette administration est un surintendant général, sur la responsabilité de qui pèse tout ce qui est entrepris pour l'amélioration de cette partie si importante du service public.

Ce haut fonctionnaire prend le titre de *Surintendant général, Président des directeurs des prisons pour les condamnés, et d'Inspecteur général des prisons militaires à l'intérieur et dans les colonies.*

Quoique placé sous l'autorité du secrétaire d'État de l'intérieur pour ce qui concerne les condamnés civils, et du secrétaire d'État de la guerre pour les condamnés militaires, ses pouvoirs ne sont pas moins très-étendus. Il a la haute direction du personnel et tout à la fois du matériel. Il nomme aux emplois; il prépare les règlements et les fait exécuter; il désigne les condamnés qui doivent être conduits aux colonies; il donne les ordres, passe les marchés pour leur transport. C'est à lui que sont déférées toutes les questions qui se rapportent aux constructions des prisons; on est même tenu de lui soumettre les plans de celles qu'on veut construire dans les comtés, quoiqu'elles ne soient pas sous l'action directe du gouvernement. Celui-ci comprend d'ailleurs très-bien que, pour que l'autorité du surintendant général soit efficace et ne rencontre d'obstacle nulle part, il convient qu'elle soit entière. Aussi songe-t-il à affermir sa position et à la faire plus indépendante, en ne le rendant responsable des actes de son administration qu'envers la couronne et le parlement.

Tel est, Messieurs, le surintendant général des prisons du Royaume-Uni, qui reçoit du trésor, pour rémunération de ses services, 750 livres sterling comme surintendant général, 150 livres comme président des directeurs, et 200 comme chargé de la surveillance des prisons militaires; en tout, 1,100 livres sterling ou 27,000 francs.

L'homme remarquable qui est investi de ces importantes fonctions est le colonel Jebb, qui fait partie du corps des ingénieurs royaux. C'est dans ce corps distingué que le gouvernement paraît choisir de préférence les hommes auxquels il confie certains emplois civils, soit à l'intérieur, soit aux colonies.

Le colonel Jebb est dans la force de l'âge, doué d'un caractère ferme, d'une volonté persévérante et d'une grande activité d'esprit; il a pour guide sa haute raison, son amour de l'humanité, et surtout la religion la plus éclairée. Doué aussi d'un talent particulier d'observation, il a acquis une profonde connaissance des hommes. Il lui faut peu de temps pour distinguer, parmi les condamnés, ceux qui sont dignes de son intérêt, et pour marquer dans la distribution des emplois la place qu'il convient d'assigner à chacun. Ces précieuses qualités sont relevées par le caractère le plus franc, le plus loyal, et par les formes les plus polies; je dois ajouter qu'il a mis le plus gracieux empressement à nous seconder dans nos investigations, à nous communiquer tous les documents dont nous pouvions avoir besoin, même son dernier rapport avant qu'il fût encore imprimé et publié; à donner des ordres dans tous les lieux de répression que nous nous proposions de visiter, soit à Londres, soit dans les provinces, pour que nous fussions reçus avec égards; qu'on ne nous cachât rien, et qu'on nous donnât tous les renseignements que nous pourrions demander. Je suis heureux de pouvoir consigner ici tout ce que, sous vos auspices, Messieurs, j'ai trouvé en lui d'obligeance et de désir de nous être agréable et utile.

Je dois dire au surplus que j'ai rencontré les mêmes dispositions dans les divers membres du gouvernement anglais avec lesquels j'ai eu des rapports.

C'est en 1837 que le colonel Jebb a été appelé dans l'administration du secrétaire d'État de l'intérieur. Sous sa haute direction, comme surintendant général, un grand nombre d'améliorations ont été introduites dans les constructions et la discipline des prisons.

Il a pour auxiliaires de nombreux agents.

Au premier rang sont deux directeurs de l'administration générale, siégeant auprès de lui et qu'il préside; le traitement de ces fonctionnaires est de 700 livres pour l'un et de 600 pour l'autre. Il y a ensuite pour l'Angleterre et le pays de Galles quatre inspecteurs, dont le premier reçoit 800 livres sterling d'appointements, et les trois autres chacun 700 livres. Parmi ceux-ci, il en est un qui est médecin, et auquel on alloue un supplément d'appointements de 100 livres.

Pour l'Écosse il y a un secrétaire aux appointements de

700 livres, et pour l'Irlande, deux inspecteurs qui reçoivent chacun 535 livres, outre un autre inspecteur à 500 livres, pour la superintendance des prisons de convicts du même pays.

Tous ces fonctionnaires forment ce qu'on peut considérer comme l'administration générale des lieux de répression du Royaume-Uni.

Les inspecteurs sont les yeux du surintendant général, c'est par eux qu'il exerce sur les diverses prisons la surveillance la plus active, qu'il s'assure du zèle, du dévouement de tous les employés, et de la stricte observation de la discipline; ce qui ne l'empêche pas de faire lui-même des visites fréquentes, et d'arriver souvent à l'improviste dans les divers établissements où il croit sa présence utile.

Après cette organisation générale, vient l'administration spéciale à chaque lieu de répression; celle-ci a pour chef un fonctionnaire qui reçoit le titre de *Gouverneur*. Ce fonctionnaire est ordinairement pris dans l'armée, et a au moins le grade de capitaine. Tous les gouverneurs que j'ai vus m'ont paru des hommes distingués, instruits, unissant la fermeté à la douceur, de manières bienveillantes, et en général d'un physique qui inspire tout à la fois le respect et la confiance.

Chaque gouverneur a un suppléant qui prend le titre de *Député du gouverneur*, qui le remplace quand il est obligé de s'absenter, et qui surveille sous sa direction toutes les parties du service. Ce suppléant a ordinairement aussi un grade dans l'armée.

Le chapelain occupe une grande place dans les prisons britanniques; il a un assistant qui l'aide dans ses pieuses fonctions; il est quelquefois aussi secondé par un lecteur des saintes Écritures. Car la religion est le fondement obligé du système; c'est par elle qu'on espère ramener au bien les cœurs les plus endurcis: aussi le chapelain a-t-il une grande autorité morale. Respecté de tous, du gouverneur, des employés, autant que des condamnés, il trouve tout le monde disposé, soit à lui servir d'auxiliaire, soit à se soumettre à ses exhortations. Les maîtres d'école sont sous sa direction. Il tient un registre sur lequel, pour nous servir de l'expression la plus propre à donner une juste idée de cette sorte de comptabilité morale, chaque prisonnier a son *doit et avoir*; le gouverneur en tient un de son côté, et ce sont les notes consignées sur ces deux registres qui, comparées, servent à classer les condamnés, à les faire passer d'une catégorie dans l'autre, et à déterminer les grâces qui leur sont accordées.

Ces chapelains sont choisis avec le plus grand soin parmi les membres les plus distingués du clergé anglican sur une liste de vingt candidats que le secrétaire d'État de l'intérieur tient toujours à la disposition du surintendant général, auquel appartient la nomination.

Des officiers principaux, qui sont ce que dans nos prisons sont les gardiens chefs, ont sous leurs ordres de simples officiers ou gardiens; tous ont été militaires.

A côté d'eux sont les économes, les commis, les écrivains et autres, chargés des détails de l'administration intérieure. Le nombre des employés dans la prison, en égard au nombre des condamnés, varie selon les lieux de répression : il est de quatorze pour cent prisonniers à Milbank; c'est le chiffre le plus élevé, et de dix et un huitième pour cent à Pentonville: c'est le chiffre le plus faible.

Il existe en France parmi les employés des prisons un certain ordre d'avancement. Ainsi, l'instituteur, le greffier, deviennent inspecteurs, et ceux-ci, à leur tour, sont appelés d'ordinaire aux fonctions de directeur.

Il n'en est pas de même en Angleterre; on n'y pense pas que l'homme qui s'est vu obligé de commencer sa carrière par des emplois infimes puisse avoir assez de portée dans l'esprit, assez d'éducation, une position sociale assez élevée pour être propre à autre chose qu'à des occupations de détail. On y croit que, pour commander avec autorité et efficacité, il faut avoir acquis dans le monde, et surtout dans le commerce des hommes qui jouissent de leur pleine liberté, certaines connaissances d'observation que la vie passée au milieu d'êtres dégradés ne donne pas suffisamment.

Les gouverneurs de prison sont donc pris, comme je le disais plus haut, parmi les officiers de l'armée, qui sont sortis des classes élevées de la société, qui ont l'habitude du commandement, et qui réunissent les connaissances nécessaires pour travailler avec fruit à la régénération des condamnés.

Aussi le gouvernement leur fait-il une belle position; il rémunère leurs services en proportion de la valeur qui s'y attache. Les gouverneurs de Milbank et de Portland ont chacun un traitement de 5oo livres sterling, celui des gouverneurs de Pentonville et de Parkhurst est de 4oo livres; tous ont de confortables logements, des jardins productifs et une foule d'autres avantages qu'il serait trop long d'énumérer.

Les députés-gouverneurs reçoivent 2oo livres sterling.

Les chapelains, dont la responsabilité morale est très-grande, quoiqu'elle ne soit pas effective, sont également bien rémunérés; leur traitement est de 3oo livres; celui de leurs assistants est de 2oo.

Les émoluments des autres employés ont pour base l'importance relative de leurs fonctions.

Mais tous ces traitements sont susceptibles d'augmentations, à mesure que les titulaires ajoutent à leurs services un certain nombre d'années; c'est un moyen de les intéresser et de les attacher à l'œuvre à laquelle ils se dévouent. Ainsi le traitement des gouverneurs de Milbank et de Portland s'accroît chaque année de 15 livres sterling, et il peut s'élever ainsi jusqu'à 65o livres, ou au delà du chiffre de 16,000 fr., qui est le maximum. Celui des autres gouverneurs peut atteindre 5oo livres, et celui des chapelains, 35o. Il en est de même de tous les autres traitements; leur accroissement s'effectue pendant les dix premières années, après lesquelles ils ont atteint leur maximum et demeurent stationnaires.

C'est ainsi qu'en assurant aux gouverneurs et aux ministres du culte une position convenablement rétribuée, en honorant leurs fonctions, en les environnant de considération et de respect, on a l'espoir fondé de voir des hommes considérables, aussi distingués par leurs lumières que par leur moralité, envier ces emplois et y consacrer leur vie entière.

Tel est, Messieurs, le personnel de l'administration des prisons britanniques. Il était utile de vous le faire connaître avant de vous montrer comment, au moyen de ce personnel, le nouveau système de répression qu'ont adopté nos voisins est mis en action.

On n'a pas oublié que les lieux de répression du Royaume-Uni sont : premièrement, les prisons communes et de correction des bourgs et des comtés ; deuxièmement, les prisons qui sont sous l'autorité immédiate du gouvernement ; et troisièmement, les établissements où sont organisés de grands travaux publics.

On n'a pas oublié non plus que certains crimes ou délits sont punis d'un emprisonnement de trois ou quatre ans au plus, et que certains autres le sont de la peine de la transportation, qui ne peut pas être moindre de sept ans, et qui peut s'étendre à toute la vie.

Nous avons dit que la plupart des condamnés à l'emprisonnement subissent leur peine dans des prisons de bourgs et de comtés, dont le régime n'est pas uniforme, quoique celui de l'isolement tende à s'établir de toutes parts.

Condamnés à la transportation.

Nous devons maintenant nous occuper plus spécialement des condamnés à la transportation, parce que c'est surtout à leur égard qu'un système complet de répression et de régénération a été adopté.

On se rappelle que ce système embrasse trois périodes distinctes :

L'isolement ;

Les travaux publics en commun ;

La transportation.

Période d'isolement.

La période de l'isolement se passe dans l'une des prisons sur lesquelles le gouvernement exerce directement son action, ou dans des prisons de comtés qui sont construites d'après le système de séparation, et dans lesquelles le surintendant général prend des cellules en location.

Milbank.

La durée de l'isolement doit être au plus d'une année, quoiqu'il ne soit que de six mois dans les prisons de Milbank. Cette réduction tient à ce que Milbank, qui renferme

1,100 condamnés, n'a que sept cents cellules; on est obligé, après que 400 prisonniers ont passé six mois en séparation, de les loger dans de grands dortoirs, où ils prennent leurs repas et couchent soumis à une inspection rigoureuse de nuit et de jour; mais on a remarqué que ces six mois de cellule ne préparaient pas suffisamment les condamnés. Dans l'un de ses rapports, le chapelain de Portland s'en plaint; il demande que la durée de l'isolement prescrite par les règlements soit exigée.

C'est surtout à Pentonville que le système de séparation est pratiqué avec succès. _Pentonville._

Précédemment on faisait, pour les renfermer dans cette prison, un choix parmi la grande masse des condamnés; on en détachait les plus robustes, ceux qui paraissaient le plus en état de subir un long isolement.

Aujourd'hui on ne fait plus de choix, excepté pour les enfants, dont nous parlerons plus tard; on ne prend plus en considération les forces physiques, l'âge, la moralité ou la durée de la peine.

Tous les condamnés à la transportation qui ne sont pas infirmes sont indistinctement envoyés dans les diverses prisons cellulaires qui sont à la disposition du gouvernement, et tous y reçoivent une part égale d'instruction et de châtiment pendant cette première période de discipline.

Il serait hors de propos de faire ici la description de la prison de Pentonville, elle est assez connue : la solitude n'y est pas absolue, elle n'existe qu'autant qu'il est nécessaire pour mettre le condamné à l'abri du contact corrupteur des autres détenus; car il est habituellement visité par le gouverneur, par le chapelain ou son assistant, par le lecteur des saintes Écritures, le maître d'école, le contre-maître des travaux, et les membres de sa famille qui en ont reçu l'autorisation ; il l'est souvent aussi par les commissaires de la prison. Il peut écrire à ses amis en arrivant dans le pénitencier, mais ce n'est que trois mois après qu'il lui est permis d'écrire de nouveau ; s'il se conduit mal, cette faculté lui est retirée. Il est pourvu dans la cellule à son instruction élémentaire, sous la direction du chapelain, et le travail, ce puissant moyen de moralisation, lui est offert tout à la fois pour occuper utilement sa solitude, et s'il n'a pas de profession manuelle, pour lui en apprendre une destinée à lui être une ressource après sa libération.

Les exercices religieux se font à la chapelle, qui peut servir également de salle d'école, et qui est divisée en stalles, de manière à interdire toute communication entre les assistants. Les condamnés s'y rendent la tête couverte d'une sorte de bonnet ayant une visière qui cache la figure, et qui est percée de deux trous à la hauteur des yeux. Ce procédé les empêche de se reconnaître ; c'est ainsi qu'ils se rendent également aux promenoirs qui leur sont affectés.

Tous les jours, à huit heures, la cloche de la chapelle annonce le service divin, qui dure une demi-heure. Les dimanches et fêtes, il y a trois services, à onze heures moins un quart, à deux heures et demie et à six heures et demie ; la durée de chacun est d'une heure et demie ; mais la chapelle ne pouvant contenir que la moitié des détenus, chacun n'assiste alternativement au service divin le dimanche qu'une ou deux fois.

Le chapelain qui officie est vu et sa parole est entendue de tous les détenus ; quatre fois l'année, il administre les sa-

crements à ceux d'entre eux qu'il juge suffisamment préparés à les recevoir.

Aussitôt que les condamnés arrivent à Pentonville, il les
visite, leur offre les consolations si nécessaires dans ces premiers moments d'isolement. L'instituteur en chef les visite
à son tour pour connaître leur degré d'instruction.

La solitude a ses mystères : ses effets sont divers pendant le
premier mois. Quelquefois le prisonnier est accablé, il souffre
moralement ; cette situation si nouvelle pour lui le surprend,
et il tombe dans un état de torpeur qui pourrait être inquié-
tant s'il devait se prolonger. D'autres fois, le détenu montre
tout d'abord une grande irritation qui se manifeste en ges-
tes, en propos, en destruction des objets qui sont sous sa
main. Dans le premier cas, les consolations, les encouragements relèveront insensiblement le moral abattu de ce nouvel hôte de la prison ; c'est en gagnant sa confiance, en lui
montrant de l'intérêt, en faisant luire à ses yeux un rayon
d'espoir, qu'on obtiendra de lui la résignation dont il a besoin. Dans le deuxième, le détenu doit être laissé à lui-
même : ce qui est violent ne dure pas ; les exhortations ne
feraient qu'ajouter à l'irritation, et on n'obtiendrait rien de
lui ; mais peu à peu il se calme : le moment alors est venu
d'agir à son égard comme on l'a fait envers le précédent.

Ces premiers moments passés, le détenu prend son parti ;
la religion vient à son secours ; le travail, des lectures choi-
sies, cette parole du chapelain qu'il entend chaque jour, la
régularité des exercices et de cette vie si calme, produisent
insensiblement leur effet ; et lorsque l'année est écoulée, ce
condamné, si corrompu qu'il fût, est devenu un homme
nouveau, que la réflexion a amené à se réconcilier avec lui-

même, et dont le cœur ouvert au repentir s'en est laissé pénétrer d'une manière qu'on peut supposer durable.

Des punitions sagement réglées préviennent et punissent l'insubordination et les fautes : la cellule ténébreuse, avec ou sans privation de certains vivres, pour un temps qui ne peut excéder vingt-huit jours; la mise au pain et à l'eau pendant trois jours au plus; les fers, qui consistent en de simples menottes, et qui ne peuvent se prolonger plus de vingt-quatre heures sans un ordre écrit de l'un des directeurs, et enfin le fouet, sont les peines que le gouverneur peut ordonner.

Si un condamné commet un acte de violence contre le gouverneur ou contre un employé de la prison, il peut être jugé pour ce fait, et passible d'un emprisonnement additionnel qui n'excédera pas de deux ans le terme de son premier jugement; il sera aussi passible de punition corporelle, si la cour l'ordonne.

Pendant son emprisonnement, un condamné n'a droit ni à un salaire ni à aucune gratification; mais, comme récompense pour le travail et la bonne conduite, il peut être *crédité* d'une certaine somme dont le montant dépendra de la classe où il se trouve. Cette somme est transmise au gouverneur de la colonie où le condamné sera envoyé, pour être appliquée à son profit lorsqu'on le jugera convenable. Les gratifications sont de 6 deniers par semaine pour la première classe, et de 3 pour la seconde. — Les prisonniers qui sont en punition, ou qui se conduisent mal, perdent tout droit à la gratification, et tout prisonnier qui a tenté de s'évader, ou qui s'est rendu coupable d'acte de violence ou d'insulte, perd toute gratification acquise précédemment, outre la peine d'être envoyé en condition pénale.

Ces encouragements, ces punitions, ces récompenses, judicieusement répartis, produisent les meilleurs effets. Ainsi s'écoule la première période de probation : tout l'avenir du prisonnier en dépend, elle est son point de départ pour entrer dans la voie de régénération qui va lui être offerte.

Le gouvernement anglais attache, avec raison, une grande importance à ce premier degré de correction. Retiré en lui-même, le condamné a appris à se suffire, à mettre sa confiance en Dieu, et à écouter dans toutes ses actions les salutaires inspirations de sa conscience. Maintenant, une seconde épreuve l'attend; ainsi préparé, il va être placé dans la société d'autres condamnés, préparés comme lui.

A la vie solitaire va succéder la vie commune, avec ses excitations, ses dangers. Dans le silence de la cellule, son âme s'est pliée à la règle du devoir envers Dieu et envers lui-même; on va maintenant juger si, dans le commerce de ses semblables, il tiendra les bonnes résolutions qu'il a prises, et s'il aura la force de résister à l'entraînement qui naît de la cohabitation.

Nous avons dit que le lieu dans lequel les condamnés subissaient cette seconde épreuve, occupés à de grands travaux exécutés en commun, était l'île de Portland. Cette île est située dans le comté de Dorset, à 130 milles de Londres, à 3 milles de la jolie ville de Weymouth.

Quoiqu'on l'appelle île, Portland est à proprement parler une presqu'île, qui a une étendue d'environ 5 milles de longueur sur 2 de largeur.

On y remarque plusieurs villages, dont la population entière est de 4,000 habitants.

Cette presqu'île n'est accessible qu'à un point, où existe une langue de terre fort étroite, espèce de banc de cailloux, dominé par un château fort qui fut construit sous le règne de Henri VIII.

Portland est surmonté par un rocher qui s'élève à 45o pieds au-dessus du niveau de la mer; nous mîmes près d'une heure à le gravir; il se termine par un plateau d'une assez grande étendue.

La pierre de ce rocher est excessivement dure. La première couche, de 5o pieds environ, est d'une qualité grossière; mais au-dessous il règne une sorte de liais, remarquable par sa finesse et sa dureté. Cette pierre a servi à bâtir White-Hall, l'église de Saint-Paul, les piliers du pont de Westminster, le pont de Blackfriars, et en dernier lieu le nouveau palais du Parlement, qui n'est point encore achevé, et pour la construction duquel les Anglais ont déjà dépensé 1oo millions.

Dès 1843, une commission avait été chargée de rechercher un emplacement convenable pour établir un lieu de refuge dans la Manche.

La position de Portland, entre Plymouth et Portsmouth, parut réunir les conditions voulues, et il fut décidé qu'une jetée ou brise-lame serait construite dans la baie de cette presqu'île, de manière à abriter un espace de 1,2oo acres, dans lequel des milliers de bâtiments pourraient être reçus et trouver un abri. Cette construction devenait d'autant plus utile, que le ras de marée dans cet endroit est fort dangereux, en ce qu'il y existe un reflux à deux courants dans les temps les plus calmes. La jetée est en deux parties : l'une aura 6,ooo pieds anglais de longueur, l'autre 1,6oo, sur une largeur commune de 12o pieds. Entre les deux jetées, on laisse un espace de 4oo pieds, pour donner passage aux navires. Chaque jetée du côté de ce passage sera surmontée d'un phare.

Ce fut au commencement de 1848 qu'un certain nombre de condamnés furent établis sur le plateau de Portland : une vaste enceinte fut fermée par un mur de clôture, et au milieu on éleva les bâtiments nécessaires à l'établissement nouveau. Ces bâtiments se composent principalement de quatre corps ayant chacun 88 pieds de long et 21 de large; sur les deux côtés, quatre rangs de petites cellules forment quatre étages; la longueur et la hauteur de ces cellules est de 7 pieds; la largeur est de 4; il y en a 700 en tout : elles ne servent que pour la nuit. Il y a encore, outre 32 cellules de punition solidement construites, deux pièces qui contiennent chacune 50 prisonniers couchant dans des hamacs et soumis à une surveillance rigoureuse. Enfin une chapelle, pouvant contenir 1,000 prisonniers, une infirmerie pour 60 malades, les cuisines, la boulangerie, la buanderie, les magasins et des logements pour 24 gardiens forment l'ensemble des bâtiments qui sont renfermés dans l'intérieur du mur d'enceinte. A l'extérieur de ce mur sont des maisons pour le gouverneur, pour le député-gouverneur, le chapelain, le médecin, les maîtres d'école, les gardiens et leurs familles. Il y a également une caserne pour un officier et 50 soldats; il y a enfin des appareils pour le gaz, et de grands réservoirs où l'eau est élevée par une pompe à feu.

Toutes ces constructions ont été exécutées par les condamnés eux-mêmes, au nombre desquels il s'en est trouvé qui exerçaient les diverses professions dont il était besoin.

Un grand espace est réservé dans l'intérieur de l'enceinte pour y pouvoir élever, si les nécessités l'exigeaient, d'autres corps de bâtiments, propres à loger 1,200 ou 1,500 autres prisonniers ; il paraît même qu'aujourd'hui on reconnaît l'urgence de donner cette extension à l'établissement.

En juillet 1849, les constructions étant terminées, une première bande de 500 travailleurs fut envoyée aux carrières ; celles-ci sont en dehors du mur d'enceinte, et le touchent immédiatement.

On pouvait craindre que, parmi cette masse de condamnés ayant appartenu à des professions si diverses, il s'en trouvât un certain nombre qui fût impropre aux travaux pour lesquels l'emploi des forces physiques est jusqu'à un certain point nécessaire, et qui eût peu de goût à s'y livrer : cette crainte ne s'est pas réalisée.

Le prisonnier qui a passé de longs mois dans la solitude éprouve une satisfaction sensible à respirer le grand air, à voir le grand jour. Si, dans les premiers moments, l'ouvrage auquel on le soumet lui paraît rude, il subit bientôt la contagion de l'exemple qui lui est donné par les autres condamnés plus habitués aux travaux pénibles. En voyant ceux-ci, nous dit le gouverneur, accomplir en général leur tâche de bonne volonté et avec contentement, il se sent disposé à agir de même, et acquiert une connaissance suffisante de l'emploi des outils et des machines pour rendre son concours utile. Sa santé ne tarde pas à s'affermir ; une nourriture plus substantielle contribue d'ailleurs à la fortifier, et bientôt tous montrent une aptitude presque égale à ce genre de travail. Au surplus, sur une population qui était de 933 condamnés lorsque nous avons visité Portland, il s'en trouvait plus de 150 qui étaient employés dans l'établissement, comme charpentiers, forgerons, maçons, cordonniers, tailleurs, boulangers, cuisiniers, jardiniers, et un égal nombre, ou à peu près, qui étaient également employés à certains travaux d'art, hors de l'enceinte, ce qui permettait de donner à chacun le genre d'occupation le plus en rapport avec la profession qu'il exerçait avant sa condamnation.

Arrivés sur le lieu des travaux, les condamnés y sont distribués selon que le besoin l'exige. La pierre, je veux dire celle qui forme la première couche, et qui, quoique moins belle que celle de la seconde, est également très-dure, est extraite, placée sur des wagons, et précipitée, au moyen de machines, sur la jetée, qui s'avance déjà à une assez grande distance dans la mer ; là elle est reçue par d'autres travailleurs qui la disposent convenablement, et qui revêtent la digue, en se servant de blocs préalablement équarris et préparés sur la carrière.

La quantité de pierre arrachée, et ainsi employée chaque jour par 402 travailleurs, est considérable ; on l'évalue à 1,220 tonneaux, ou 131 tonneaux et 1/4 par heure de travail effectif. J'ai eu sous les yeux l'état des pierres jetées dans la mer pendant les sept premiers mois de l'année 1851 ; le mois de janvier, dont les jours sont les plus courts, avait produit 18,280 tonneaux, et l'extraction du mois de juillet, dont les jours sont les plus longs, avait été de 32,189.

Il y a encore pour quinze à vingt ans de travaux avant que la jetée ait atteint le point où elle doit finir ; lorsqu'elle sera terminée, la couche de pierre commune aura été enlevée dans une grande étendue, et on pourra extraire à ciel ouvert et avec facilité cette belle pierre qui sert aux monuments de Londres ; il y aura là pour les condamnés un travail très-productif, et qui pourra se prolonger indéfiniment.

La journée commence pour eux par la prière ; à cet effet,

ils se rendent à la chapelle, où le chapelain leur fait une instruction.

Ils vont ensuite sur le lieu des travaux, par escouade de vingt hommes. Chaque escouade est conduite par un gardien. Au moment du départ, les soldats préposés à leur garde chargent les armes en leur présence, et, arrivés sur le lieu des travaux, forment un cercle à certaine distance les uns des autres, de manière à avoir toujours les travailleurs en vue, et à pouvoir tirer sur ceux qui tenteraient de s'évader ; mais ces tentatives sont très-rares. Outre que les condamnés ne voudraient pas s'exposer à être tués, ils ont un costume qui servirait à les faire reconnaître, et enfin, ils seraient infailliblement arrêtés sur cette langue de terre très-étroite qui unit l'île à la terre ferme, et à l'extrémité de laquelle se trouve un corps de garde chargé d'arrêter tout ce qui paraît suspect.

Un peu avant la nuit, les condamnés quittent les travaux, se forment encore par escouades, et reviennent dans l'établissement sous la conduite des mêmes gardiens. Arrivés dans l'enceinte, chaque escouade se range en ligne, et chaque condamné est fouillé. On s'assure ainsi qu'il ne rapporte aucun outil dont il puisse abuser.

Si la journée a commencé par la prière, elle finit de même; mais, avant d'accomplir ce devoir, le prisonnier rentre dans sa cellule, quitte son costume de travail, en prend un plus décent, s'acquitte des divers soins de propreté qui sont exigés de lui, et c'est ainsi préparé qu'il se rend de nouveau à la chapelle.

L'instruction du chapelain n'excède pas, comme celle du matin, vingt minutes. Le service divin, les dimanches et les fêtes, est également célébré deux fois dans le jour; mais il est beaucoup plus long.

L'enseignement religieux est le principal fondement de la réforme morale à Portland comme à Pentonville; tout contribue à le répandre. Une bibliothèque de livres choisis qui renferme déjà seize cents volumes est mise à la disposition des condamnés; l'enseignement élémentaire concourt au même but. Avant de venir à Portland, chaque détenu avait suffisamment appris à lire et à écrire, pendant son isolement en cellule, pour n'avoir plus besoin que d'une classe d'école par semaine, afin de se perfectionner; et comme les condamnés sont destinés à quitter un jour l'Angleterre, on y joint des leçons de géographie. Chaque prisonnier assiste, par rotation, à une demi-journée de classe. Cette disposition permet à soixante-dix hommes de recevoir l'enseignement en même temps. Deux maîtres d'école sont toujours présents; un troisième remplit dans la classe l'office de chapelain. Un chapitre des saintes Écritures est lu, verset par verset, et les maîtres d'école catéchisent la classe.

Le dimanche, outre les deux services complets, les chapelains et les maîtres d'école réunissent les prisonniers dans des quartiers pour leur faire répéter les versets des saintes Écritures et les hymnes qu'ils ont dû apprendre par cœur dans la semaine. Il faut deux dimanches pour que tous les prisonniers aient successivement passé à cet examen.

L'empreinte du sentiment religieux se fait remarquer dans tous les exercices de l'établissement. Nous avons suivi les condamnés à la chapelle, et nous avons été touchés de l'air grave et recueilli avec lequel ils s'y rendaient. Une fois placés, leur livre de prières à la main, ils nous ont paru pénétrés de l'acte qui se passait sous leurs yeux ; ils répétaient tout bas et avec componction les prières que le chapelain récitait à haute voix , écoutant sans distraction , et avec une attention soutenue, la courte instruction qu'il leur adressait ; puis tous ensemble, et à un signal donné, entonnant des cantiques à la louange de Dieu et en actions de grâces pour les faveurs qu'ils avaient obtenues de lui. Nous étions émus d'entendre ces voix d'hommes, qui tous avaient violé les lois de leur pays , s'unir en chœur pour exprimer leur repentir et en demander pardon à celui qu'on n'implore jamais en vain ; mais nous ne l'étions pas moins de voir les gardiens, et tous ceux qui , à divers degrés, concourent à la surveillance et à l'administration de l'établissement , donner l'exemple du recueillement, et édifier les condamnés par la ferveur que manifeste leur attitude.

Les chants en chœur ont un grand effet moral : si on le remarque parmi les ouvriers de nos villes chez lesquels on en répand la méthode, c'est particulièrement sur les hommes qui sont soumis à une discipline morale que cet effet devient plus puissant. En s'associant à ces chants, l'âme du condamné s'attendrit et perd son endurcissement ; il se pénètre davantage de la sainteté du lieu où il est, de la vérité des paroles qu'il prononce, et ces paroles, se gravant dans son cœur, y laissent un souvenir plus doux et plus durable. Dans quelques-unes de nos maisons centrales, on choisit parmi les condamnés ceux qui ont de la voix et qui jouent de quelque instrument pour en former un corps de musiciens qui est employé à exécuter des morceaux de choix pendant le service divin ; on croit ainsi ajouter à sa solennité. Je n'ai jamais vu que cette sorte de concert spirituel fût autre chose pour les condamnés qu'un délassement, ou plutôt une distraction qui leur permet d'endurer plus patiemment la longueur du service.

En remarquant la pieuse contenance des prisonniers de Portland, je demandai au chapelain s'il ne pensait pas qu'il y entrât un peu d'hypocrisie. Il me répondit qu'en admettant qu'il y en eût, elle ne laissait pas de produire à la longue de bons effets; que l'âme soumise à l'espèce de contrainte qu'elle s'imposait se pliait incessamment à la règle, recevait ainsi l'influence de l'habitude, et qu'il était rare que le condamné ne finît pas par montrer un retour au bien aussi sincère que durable.

Non-seulement on met un grand soin à inspirer le sentiment religieux dans le pénitencier, mais on s'efforce d'y faire tourner tous les événements, toutes les circonstances à l'expansion de ce sentiment.

Le 25 juillet 1849, le prince Albert vint à Portland, et visita l'établissement dans le plus grand détail. Il fut charmé de ce qu'il vit: les progrès faits par les condamnés, leur résignation, les remarquables travaux qu'ils exécutaient et qui devaient contribuer à la grandeur et à la puissance de l'Angleterre, l'impressionnèrent vivement. Il ne se contenta pas de leur témoigner sa satisfaction et de leur donner des encouragements, il voulut leur faire un don qui laissât parmi eux un souvenir profond, en même temps qu'à leurs yeux il porterait avec lui le témoignage de sa moralité: ce don fut celui d'une Bible magnifiquement reliée, sur la première page de laquelle se trouvait inscrite la date de la visite du prince, suivie de quelques lignes servant à exprimer que, si

Visite du prince Albert à Portland.

Dieu punit les pécheurs, il pardonne au repentir et à ceux qui demeurent fidèles à ses saintes Écritures.

Ce don fut accepté avec de grandes démonstrations de respect et de joie; il relevait les condamnés à leurs propres yeux, car il leur montrait qu'on les jugeait dignes de le recevoir. C'est dans ce livre vénéré que les saintes Écritures sont lues et expliquées par le chapelain aux grandes solennités de l'année.

Pour comprendre l'importance d'un pareil don, il faut se pénétrer de la grande place que la Bible occupe dans les mœurs du peuple anglais : chez ce peuple fidèle à ses traditions domestiques, la famille croît, s'étend, se perpétue sous l'invocation, je dirais presque sous la protection de ce livre saint. — Nous passâmes la nuit au village de Portland, et reçûmes l'hospitalité dans une humble demeure où, selon notre habitude, nous nous enquerrions des usages du pays. Entre autres choses, le maître de la maison nous montra une grande Bible, qu'il tira avec respect d'une armoire où elle était religieusement conservée. Ce petit in-folio était précédé de nombreux feuillets sur lesquels se trouvaient consignés depuis deux siècles, et de génération en génération, les actes de naissance, les mariages, les décès, les événements mémorables qui avaient affecté heureusement ou malheureusement la famille. Cette sorte de registre de l'état civil et moral de ceux dont les noms y étaient inscrits, placé en tête d'un livre saint, comme pour rendre témoignage de leur foi, et pour implorer, dans tous les actes de la vie, les faveurs de la divine Providence, montre toute l'importance qu'on attache en Angleterre à la possession de ce livre, qui se transmet de père en fils avec un soin égal à la piété hérédi-

taire dont il est le symbole et le gage. Le prince Albert ne
pouvait donc faire aux condamnés de Portland un présent
qui eût plus de prix à leurs yeux, et qui les rappelât davantage au sentiment de leur dignité.

Le travail des condamnés de Portland a de grands avantages; il fortifie le corps. La santé des condamnés y est parfaite. Lors de notre visite, sur 933 détenus il n'y en avait
que 30 malades, et les maladies n'avaient aucune gravité.
Tous ces hommes paraissaient forts, robustes; tous étaient
dans la vigueur de l'âge, et en effet, sur le nombre que
je viens de dire, il s'en trouvait à peine un quart qui eût
passé quarante ans.

Le travail des condamnés, qui leur fait contracter des habitudes d'ordre, qui donne à leurs idées un cours plus régulier, contribue puissamment aussi à leur amélioration morale; la vie commune ne leur offre plus de danger, elle
devient, au contraire, la contre-épreuve du progrès obtenu dans
la solitude. Le silence n'est point exigé; les détenus peuvent
communiquer entre eux, se faire part de leurs pensées mu-
tuelles, et c'est par là surtout qu'on peut juger s'ils sont disposés à persévérer dans les bonnes dispositions qu'ils ont
formées lorsqu'ils étaient en cellule.

Dans un de ses rapports, le respectable chapelain de Portland, M. Moran, disait : « N'oublions pas que la conduite régu-
« lière et la soumission à la discipline de la prison sont ici une
« preuve d'amélioration beaucoup plus positive que dans la sé-
« paration; car les tentations sont plus fréquentes et plus for-
« tes, et les moyens de répression nécessairement moindres.
« Les associations de prisonniers employés dès le matin, de
« bonne heure, et jusqu'à une heure tardive du soir, aux tra-

« vaux de la prison ou des carrières, ressemblent, malgré la
« surveillance et le contrôle, à celles de la vie libre, et il n'est
« pas douteux que ce ne soit une préparation des plus utiles
« pour la conduite future des condamnés aux colonies. »

Les bonnes dispositions sont d'ailleurs stimulées par l'espoir d'une abréviation de leur peine si leur conduite est satisfaisante. A cet effet, les prisonniers sont divisés en trois
classes, et passent successivement de la troisième à la deuxième, et de la deuxième à la première, à mesure que leur amendement est constaté; de même qu'ils redescendent de la première classe à la deuxième, et de celle-ci à la troisième, si leur
inconduite exige qu'on use de cette sévérité à leur égard.
On les renvoie même à Pentonville, pour être soumis de
nouveau à l'emprisonnement solitaire, lorsque leurs dérégle-
ments continuent; et enfin, si l'isolement ne produit aucune
amélioration, le condamné, considéré comme incorrigible,
est transporté directement à l'île de Norfolk, où il est placé
sous le régime le plus sévère pendant tout le temps de sa condamnation; mais ces derniers cas sont très-rares.

Les punitions, pour les fautes commises à Portland, sont
à peu près les mêmes qu'à Pentonville. Le passage du prisonnier d'une classe dans une autre s'accorde en consultant
et en comparant les registres tenus par le gouverneur, par le
chapelain et par les officiers inférieurs de l'établissement.
Ces registres, où, comme dans les maisons pénitentiaires dont
j'ai parlé plus haut, chaque condamné a son compte moral
ouvert, font connaître, jour par jour, le degré d'espoir que
son amendement peut donner.

Il ne suffit pas, pour obtenir son avancement d'une classe
à l'autre, de montrer de l'activité et de l'intelligence au tra-

vail, il faut le mériter par l'ensemble de la conduite; lorsqu'elle ne laisse rien à désirer, elle est indiquée par un signe apparent porté sur le vêtement, et attaché au bras gauche. Ce signe consiste en une plaque de cuir verni en noir, sur laquelle le témoignage est imprimé en lettres noires dans un cartouche blanc : deux lettres et deux chiffres indiquent le nombre d'années de transportation auxquelles le prisonnier a été condamné, le nombre de mois qu'il a passés dans l'isolement, et enfin le nombre de mois pendant lesquels sa conduite a été bonne. Un témoignage de *très-bonne* conduite ne peut être obtenu qu'après trois mois au moins de persévérance.

La faveur attachée à ces signes excite une vive émulation; leur importance est grande, en effet, pour le condamné. Si sa conduite est simplement bonne, il peut obtenir son billet de permis pour la transportation, après avoir passé la moitié de son temps dans les deux périodes probatoires, c'est-à-dire dans la prison cellulaire et aux travaux de Portland.

Réduction des peines.

Si elle a été très-bonne, la réduction de la peine peut être de moitié encore, c'est-à-dire d'un quart, et on lui compte comme temps de probation les six mois supposés nécessaires pour son voyage en Australie.

Voici donc la gradation dans les deux catégories.

Première catégorie, celle où la conduite du prisonnier est seulement satisfaisante. Le condamné à sept ans de transportation peut, dans ce premier cas, espérer d'être envoyé aux colonies après trois ans; savoir: un an passé en cellule et deux ans à Portland. Celui condamné à dix ans peut ne rester à Portland que trois ans et demi; ceux dont la peine est de quinze et vingt ans peuvent obtenir la même faveur après un séjour à Portland, pour les uns de six ans et demi, pour les autres de huit ans et demi.

La condamnation à vie est évaluée à vingt-quatre ans. Dans ce cas, le terme du séjour à Portland peut être réduit à dix ans et demi.

Ces périodes, jointes au temps passé dans la séparation et le temps donné au voyage, sont calculées devoir former environ la moitié du temps de la condamnation. Mais il est, je le répète, clairement entendu qu'une telle réduction de la peine ne peut être demandée que dans le cas où la conduite du prisonnier est satisfaisante.

La deuxième catégorie est celle où le condamné se conduit d'une manière non-seulement satisfaisante, mais tout à fait exemplaire. Pour plus d'encouragement, on a voulu traiter avec une plus grande faveur encore ceux qui, par leur conduite générale et leur activité au travail, montrent qu'ils ont profité de l'instruction qui leur a été donnée, et inspirent la confiance que, délivrés de la discipline pénale, ils deviendront des membres utiles de la société. Ceux-là peuvent être recommandés au secrétaire d'État pour obtenir leur billet de permis à l'expiration de la moitié de la période établie dans la catégorie précédente. La période minimum du séjour à Portland peut donc être réduite à un an pour les condamnés à sept ans, à un an et demi pour ceux à dix ans, à trois ans pour les condamnés à quinze ans, à quatre pour ceux à vingt ans, et à six pour ceux condamnés à vie.

En un mot, l'ensemble du système à l'égard du condamné à la transportation se résume à mettre le prisonnier dans les conditions les plus favorables pour recevoir une instruction industrielle qui lui donne le moyen de se suffire un jour à lui-même, et une éducation morale et religieuse qui l'éclaire sur ses devoirs envers Dieu et envers les hommes. Pour l'exciter à profiter de ces avantages, on lui présente d'un côté, s'il se conduit bien, une série de périodes à parcourir, dans lesquelles sa position s'améliore graduellement, et, d'un autre côté, la prolongation de sa peine, avec des circonstances qui peuvent s'aggraver jusqu'à son renvoi à l'emprisonnement séparé, et même jusqu'à la transportation à Norfolk, qui est le terme le plus redouté du châtiment.

Il y a cependant quelques cas où, même avant que le condamné ait terminé à Portland son temps de probation, il devient l'objet de la clémence royale.

Il m'a été donné d'en voir un exemple, que je vous demande la permission de vous rapporter, parce qu'il montre en quel honneur est l'Institut auprès de nos voisins, et avec quel empressement le gouvernement britannique saisit les occasions de nous témoigner le prix qu'il met à resserrer les liens qui unissent les deux nations.

Pendant notre visite à Portland, un condamné français, le seul parmi tous les autres qui eût cette origine, demanda à me parler; le gouverneur donna des ordres pour qu'il me fût amené : je vis un homme d'environ quarante-cinq ans, d'une taille élevée, d'une figure intéressante, et qui s'exprimait avec autant de facilité que de convenance. Il m'expliqua qu'il avait été condamné à vingt années de transportation pour l'un de ces crimes que produit la fougue des passions, et pour la répression desquels les tribunaux anglais sont presque toujours obligés de s'en rapporter au témoignage de la femme qui porte plainte. Ce condamné prétendait avoir été victime d'une odieuse malveillance. Ce qui pouvait donner quelque crédit à l'énergique protestation qu'il faisait contre son jugement, c'est que, marié et père de quatre enfants, sa femme, qui plus que tout autre aurait dû conserver du ressentiment de cette violation de la foi conjugale, si elle lui eût paru réelle, lui était demeurée très-attachée et n'avait cessé, pendant son jugement et depuis qu'il subissait sa peine, de lui donner des marques du plus grand dévouement. Ses enfants, de leur côté, n'avaient rien perdu de leur respect pour lui.

Cet homme, qui avait passé trois ans en cellule ou à Portland, et pour qui l'époque de la transportation approchait, ne pouvait supporter l'idée d'une expatriation qui allait le séparer pour de si longues années de sa famille; il implora mon appui, afin d'obtenir d'en être dispensé. Mais que pouvais-je? Étranger au pays, sans caractère officiel, de quel poids seraient mes recommandations! Cependant je pris sur la moralité de ce condamné des renseignements auprès du gouverneur et de l'aumônier; l'un et l'autre me rendirent de lui le meilleur témoignage; ses notes étaient excellentes : il n'avait jamais encouru de punition, et même il avait, dans une circonstance critique, préservé la vie d'un officier ou gardien, en repoussant l'agression dont celui-ci était l'objet de la part d'un prisonnier. Le gouverneur, ayant égard à sa bonne conduite, l'avait dispensé des travaux pénibles de la carrière, et l'employait au service de l'intérieur. Je ne pus offrir à ce malheureux que des consolations, et si je ne sus me défendre de lui témoigner l'intérêt qu'il m'inspirait, il m'était interdit de lui donner l'espoir que cet intérêt pourrait servir à améliorer son sort.

Cependant, de retour à Londres, je plaidai sa cause auprès du surintendant général; mais je n'eus pas besoin, je l'avoue, de faire de grands efforts : je trouvai, dans ce haut fonctionnaire, un empressement à se rendre agréable au délégué de l'Académie, qui me toucha profondément. Après s'être fait représenter le dossier de celui pour qui j'intercédais, il me dit : « M'autorisez-vous à faire usage de votre nom, et à proposer au gouvernement la grâce de cet homme, comme demandée par vous ? » Vous jugez quelle fut ma réponse ?

Effectivement, Messieurs, cette grâce a été accordée. Celui qui a reçu une faveur si inespérée est venu à Paris, se réunir à sa femme, qui l'avait devancé, et à ses enfants; il vous bénit, Messieurs, car c'est à vous, c'est à la mission que je tenais de vous, qu'il doit sa liberté; et, innocent ou coupable, ce dont je ne saurais être juge, je ne doute pas qu'il ne justifie, par sa bonne conduite, l'intérêt dont il a été l'objet.

C'est ainsi, Messieurs, que, soutenus par l'espoir de voir leur sort s'adoucir graduellement, s'ils subissent d'une manière satisfaisante les diverses épreuves qu'ils ont à traverser, les condamnés finissent par sortir courageusement de ces épreuves, et par obtenir une réduction notable dans la durée de la peine qu'ils ont encourue.

Leur émulation est d'ailleurs entretenue par l'allocation, comme à Pentonville, d'une petite somme dont ils sont crédités chaque semaine, si on est satisfait d'eux, et qui est de 18, de 12, ou de 8 pence, selon leur classe. Cette allocation peut même être portée à 30 pence, si la conduite ne laisse absolument rien à désirer. Leur compte en est crédité, et, lorsque le moment de la transportation est venu, ces diverses sommes forment un petit capital qui reçoit la même destination que celui obtenu pendant la première période de probation, c'est-à-dire, qu'il est adressé au gouverneur de la colonie dans laquelle le condamné est envoyé; ce gouverneur ne la lui remet qu'à mesure de ses besoins, et en surveille l'emploi.

Du reste, si la discipline de Portland est d'une grande rigueur, le condamné y est traité avec une parfaite humanité; on prend de sa santé le soin le plus attentif; chaque semaine, le jour où il va à l'école, il prend un bain de propreté. Comme il dépense beaucoup de forces, il reçoit une nourriture substantielle qui ne trouve aucun analogue avec celle qu'on donne aux condamnés dans nos bagnes ou nos prisons. Cette nourriture est, chaque jour, à déjeuner, de 12 onces de pain, d'une pinte de thé ou de cacao, mêlée à deux onces de lait, et édulcorée avec deux onces de sucre brut, ou 3/4 d'once de mélasse. Le dîner se compose de 6 onces de pain, de 6 onces de viande cuite, sans os, d'une livre de pommes de terre, d'une pinte de soupe grasse, d'orge, de riz ou de farine d'avoine, à laquelle on joint une once d'oignons ou de poireaux. Enfin, chaque condamné reçoit à souper 3 onces de pain, et une pinte de gruau ou potage à la farine d'avoine; tous les repas se prennent dans la cellule.

Pour les prisonniers qui ne sont pas occupés aux travaux pénibles et continus, les rations de viande et de pain sont réduites d'un quart. La nourriture entière des condamnés mis en cellule pour paresse est diminuée de moitié.

Il faut dire aussi que les condamnés de Pentonville, qui

ne se livrent à aucun travail pénible, et qui demeurent constamment en cellule, sont moins bien traités; ainsi, la ration de viande est pour eux de 4 onces, au lieu de 6, et les autres aliments sont également diminués, mais dans une proportion moins forte.

Les condamnés, à Portland, sont d'ailleurs bien vêtus, confortablement couchés, et suffisamment fournis de linge.

On sent, d'après cela, que l'établissement de Portland devrait être fort coûteux.

La dépense qu'il occasionne au gouvernement anglais, en salaires et gages des employés, s'est élevée, en 1851, d'après le dernier rapport du surintendant général, à 7,260 livres sterling. Toutes les autres dépenses de nourriture, de combustibles, d'éclairage, de vêtements, etc., ont atteint le chiffre de 12,705 livres, ce qui fait un total de 19,965 livres, ou environ 500,000 francs de notre monnaie; ce qui donne une moyenne de 23 livres 15 schellings 3 pence, ou 600 francs par prisonnier. Mais cette dépense, si considérable qu'elle soit, est en grande partie compensée par le produit du travail: ce produit, calculé d'après la valeur de chaque tonne de pierres jetée dans la mer, économise au gouvernement anglais un déboursé annuel de 13,818 livres 7 schellings, ou au delà de 320,000 fr., ce qui réduit la dépense annuelle et totale de l'établissement à 6,147 livres 6 schell., ou 153,700 fr., et celle de chaque condamné à 7 liv. 6 schell. 10 p., ou 183 fr., au lieu de 600. Quant aux dépenses de premier établissement, c'est-à-dire, celles occasionnées par la construction des bâtiments, nous n'en avons pas vu les comptes; mais celles-là ne peuvent pas être considérables. On avait la pierre sur les lieux mêmes; la main-d'œuvre ne coûtait rien non plus, puisqu'on trouvait, parmi les condamnés, des ouvriers exerçant toutes les professions : on n'a donc eu réellement à acheter que le fer et le bois de charpente.

Voilà, Messieurs, les avantages que procure, pour le bien de l'État, l'emploi des condamnés aux grands travaux d'utilité publique.

J'ai dit que l'établissement de Portland, dans son état actuel, ne peut guère contenir au delà de 900 prisonniers ; il est donc loin de pouvoir suffire à la seconde période probatoire que doivent subir les condamnés à la transportation, puisque le nombre de ces condamnés, renfermés dans les divers lieux de répression de la Grande-Bretagne, s'élevait, au 1ᵉʳ janvier 1851, à 6,128.

Sur ce nombre, 2,269 subissaient la première épreuve dans l'isolement à Milbank, à Pentonville, et dans huit prisons de comtés, dans lesquelles le gouvernement a loué un certain nombre de cellules : ce sont les prisons de Wakefield, Preston, Leeds, Leicester, Northampton, Bath, Reading et Bedfort.

Il reste donc 3,859 condamnés destinés à subir la seconde épreuve, et occupés à des travaux publics en commun. Or, ceux qui ne sont pas renfermés à Portland font cette seconde période de probation à Woolwich et à Portsmouth, sur quatre pontons qui en renferment au delà de 1,700, et qui sont employés à des travaux publics dans les docks ou les arsenaux. Quelques-uns sont occupés, à Dartmoor, à la construction d'une prison ; d'autres sont aux Bermudes ou à Gibraltar ; d'autres, enfin (ce sont les jeunes délinquants), sont élevés à la colonie agricole pénitentiaire de Parkhurst, dans l'île de Wight ; nous en parlerons plus tard.

La discipline des pontons a été assimilée, autant que possible, à celle de Portland ; quoiqu'on y ait rencontré de grandes difficultés, on est cependant parvenu à rendre ces lieux de répression très-profitables pour la moralisation des détenus.

Les pontons sont, on le sait, de vieux vaisseaux dépourvus de leur armement et de leurs agrès.

Nous avons visité l'un d'eux à Woolwich ; nous avons admiré son aménagement et l'ordre parfait qui y règne, sa propreté, je dirai même son élégance.

Le bâtiment a trois étages ; sa longueur est de 260 pieds, sur une largeur de 51 et une hauteur de 60 pieds depuis la quille. Chaque étage est coupé dans toute sa longueur par un corridor, à droite et à gauche duquel sont des chambres grillées, qui servent à loger chacune 12 à 16 convicts ; ceux-ci couchent dans des hamacs qui sont enlevés pendant le jour. Les repas sont pris en commun dans chaque chambre sur deux tables parallèles.

Il y a une salle d'école, où les condamnés sont admis à tour de rôle. La prière, les chants religieux, ont lieu comme à Portland ; mais ils sont moins souvent répétés.

Les condamnés qui ne sont pas retenus à l'école ou pour le service intérieur, vont au travail dans l'arsenal ou dans les docks, par escouades de dix ; chaque escouade est sous la conduite d'un officier ou gardien qui ne la quitte plus.

Nous les avons suivis sur les chantiers ; nous nous sommes convaincus que le travail qu'on leur impose est sérieux et qu'il exige l'emploi de toutes leurs forces. Autant que possible, ils travaillent seuls, sans être mêlés aux ouvriers libres. Si un condamné a besoin d'être détaché pour le transport d'une pièce de bois, ou pour tout autre service, il est accompagné d'un soldat qui veille à ce qu'il ne se mette pas en communication avec les autres ouvriers de l'arsenal et qui le ramène. Si, dans quelques cas rares, la nature des travaux exige que les prisonniers travaillent avec les ouvriers libres, on met le plus grand soin à éviter toute conversation entre eux.

Les condamnés invalides ou infirmes sont employés dans une partie de l'arsenal à détordre de vieux bouts de câbles et à en faire de la filasse.

Le jour de notre visite au Warrior, il s'y trouvait 458 condamnés, sous la direction d'un gouverneur, et la surveillance de 45 officiers ou gardiens. L'état sanitaire était excellent; le nombre de décès n'avait pas excédé jusque-là trois ou quatre par an.

La discipline, comme à Portland, y est sévère; elle consiste, pour les manquements légers, dans la mise au pain et à l'eau, qui peut s'étendre jusqu'à sept jours; dans la mise aux fers pour insolence, et enfin dans la peine du fouet, si le condamné s'oublie jusqu'à frapper un gardien. Cette peine, est infligée au moyen d'une sorte de martinet composé de neuf ficelles nouées au bout; on donne de 6 à 60 coups. Le chirurgien est présent, qui a la faculté de diminuer ce nombre, si l'état du patient le lui fait juger nécessaire.

Le grand inconvénient des pontons, c'est que les condamnés ne peuvent pas être séparés la nuit les uns des autres, et mis en cellules particulières. Les gouverneurs et les chapelains déplorent cet inconvénient dans tous leurs rapports. Cependant la conduite des prisonniers est bonne en général; il n'y a pas de fautes graves, et si on doit s'étonner de quelque chose, c'est qu'il y en ait si peu. Le fouet n'est appliqué que dans des cas très-rares, et à peine une fois l'an sur chaque ponton.

On entretient, parmi les condamnés, le même système de classification qui est employé à Portland. Le chapelain du Warrior tâche toujours d'associer ensemble les hommes qui paraissent avoir les sentiments religieux les moins équivoques, qui sont les mieux disposés à agir par libre soumission à l'autorité, et dont la bonne conduite montre qu'on a eu raison d'espérer une amélioration notable de leur part. C'est dans cette vue que les classements sont formés. Les hommes ainsi associés exercent une heureuse influence les uns sur les autres; unis dans leurs exercices religieux, ils s'abstiennent de conversations corruptrices, et sont d'un excellent exemple pour les autres détenus.

Mais tous les gouverneurs et chapelains de pontons s'accordent à reconnaître que le succès de la deuxième période de probation dépend beaucoup de la première. Selon, disent-ils, que celle-ci a été bien ou mal passée, l'état moral d'un hulk ou ponton peut être relevé ou abaissé; il dépend de la manière dont les condamnés ont été préparés dans l'isolement de la cellule de rendre le deuxième degré plus ou moins fructueux.

La valeur de l'instruction acquise dans la période de séparation se montre d'une manière frappante, disait un des chapelains, dans le caractère et la conduite des hommes reçus sur les pontons, par le désir empressé et les efforts qu'ils font à leur arrivée pour se tenir à l'abri des tentations auxquelles leurs rapports avec les autres condamnés pourraient les exposer. Mon impression particulière, ajoutait ce digne ecclésiastique, est qu'il est fort nécessaire qu'après avoir passé un certain temps dans la séparation, le prisonnier soit soumis à l'épreuve de l'association, avant d'être envoyé aux colonies avec un billet de permis. Ils possèdent jusque-là, il est vrai, la *théorie* des principes religieux, et sont persuadés qu'ils sont assez forts pour ne pas s'en écarter ; mais, pour que ces principes deviennent réellement profitables dans la vie libre, il faut qu'ils aient préalablement été mis à une épreuve pratique par leur commerce avec les autres prisonniers.

Ce sont, comme on le voit, les mêmes observations qui ont été faites à Portland.

Sur les pontons de Portsmouth, une bibliothèque a été établie, qui est d'un grand intérêt, et même d'un grand avantage pour les prisonniers, lesquels s'en servent avec avidité, et, quoique les volumes soient constamment en circulation, on ne remarque pas qu'ils soient trop détériorés.

Le travail des condamnés est moins productif sur les pontons qu'à Portland ; aussi ces établissements coûtent-ils beaucoup plus à l'État.

Les gages et les salaires des employés pour les quatre hulks se sont élevés, en 1851, à 14,747 livres sterling ; les autres dépenses d'entretien et de nourriture des prisonniers ont atteint le chiffre de 25,270 livres sterling, ce qui fait un total de 40,036 livres sterling, ou 22 livres sterling 4 sch. 10 pence, c'est-à-dire 555 francs par détenu.

Si on déduit le produit du travail dans les arsenaux, qui a été, pendant la même année 1851, de 15,000 livres sterling, la dépense générale des pontons se trouve réduite à 25,036 livres, et celle de chaque détenu à 13 livres 18 sh., ou 347 francs, au lieu de 7 livres 7 sh. 10 pence, ou 183 fr., qu'elle était à Portland. Il ressort de cette différence qu'au point de vue économique autant qu'au point de vue moral, il importe d'obtenir des condamnés une quantité de travail qui puisse, dans une certaine mesure, défrayer l'État des grandes dépenses qu'il fait pour leur entretien.

Mais, comme je l'ai dit plus haut le gouvernement anglais, malgré les grandes améliorations introduites dans les hulks ou pontons, n'est pas satisfait de ces établissements ; il se propose de les supprimer lorsque celui de Portland aura reçu une plus grande extension par les nouvelles constructions qu'on se propose d'y faire, et aussi lorsqu'une nouvelle prison, dont l'appropriation était commencée, aura pu recevoir le nombre de condamnés qu'on projette d'y placer.

Celle-ci est l'ancienne prison de guerre de Dartmoor, à Plymouth.

Prison de Dartmoor.

Le colonel Jebb nous apprend, dans son dernier rapport, que le but immédiat qu'on s'était proposé en utilisant les bâtiments de cette dernière prison, était la formation d'un établissement pour enfermer les condamnés que l'âge ou les infirmités rendaient impropres à gagner leur vie dans les colonies, et que, par ce motif, on n'avait pas trouvés bons à être embarqués.

Les individus de cette classe s'étaient accumulés au nombre d'environ 6 ou 700, avec probabilité de s'augmenter encore, et ils étaient détenus à bord du Defense-Hulk à Portsmouth, ou momentanément dans des baraques à Shorncliff.

Ces deux emplacements étaient mal choisis pour des périodes d'emprisonnement continu et prolongé, principalement par la difficulté d'y pourvoir les prisonniers d'occupations convenables.

Dartmoor offrait les plus grandes facilités sous ce rapport ; il y a dans l'intérieur du mur d'enceinte et autour de l'établissement une grande étendue de terrain propre à la culture, et qui est susceptible d'être convertie en jardin. On peut même y extraire de la houille.

Quoique la création d'un dépôt pour les condamnés invalides fût le principal objet qu'on eût en vue, les facilités qu'on avait de transformer, au moyen de dépenses modérées, ces bâtiments ruinés, mais vastes, en une prison propre à enfermer un plus grand nombre de prisonniers, offraient des avantages trop évidents pour ne pas les prendre en considération.

Il fut donc décidé qu'on y ferait les réparations nécessaires à l'effet d'y loger tout à la fois les prisonniers invalides et un certain nombre de détenus valides.

Au mois d'octobre 1850, un premier groupe de 70 condamnés, tirés de Milbank et exerçant les diverses professions de maçons, menuisiers, forgerons, etc., fut envoyé à Dartmoor ; il fut bientôt suivi de 115 autres. Ces condamnés furent employés à l'appropriation des bâtiments, et à la fin de décembre les travaux étaient assez avancés pour qu'on pût y en recevoir un plus grand nombre.

L'ensemble de l'établissement se compose de cinq corps de logis : deux sont destinés à loger 700 invalides, couchés dans de grands dortoirs ouverts et bien aérés ; deux autres sont disposés en petites cellules de nuit, séparées par des cloisons en tôle cannelée, comme à Portland, et pour 5 à 600 condamnés valides.

Le cinquième bâtiment est divisé en deux parties : l'une est convertie en chapelle assez spacieuse pour contenir 1200 prisonniers ; l'autre en cuisine, offices, etc.

Le montant total des frais d'appropriation pour 1,300 hommes, y compris les maisons et les habitations des employés, n'a pas dû excéder 25 à 26,000 livres sterling, ou 600 à 650,000 francs.

A l'heure qu'il est, ces 1,300 hommes doivent être logés, à savoir, les 700 invalides qui se trouvaient sur le Defense-Hulk et les 600 prisonniers valides destinés plus tard à la transportation.

Ces arrangements n'absorbent pas tout le local disponible dans la vieille prison de guerre; il reste encore trois grands bâtiments où des appropriations nouvelles pourraient être faites pour 700 prisonniers de plus, ce qui porterait le nombre total à 2,000.

Le gouverneur de cette prison rapporte qu'à quelques exceptions près, la conduite des hommes employés à ces travaux a été irréprochable; qu'ils ont travaillé, chacun dans sa profession, avec autant d'ardeur, de promptitude et de succès qu'eût pu le faire un nombre égal d'ouvriers libres, et que même, dans beaucoup de cas, la comparaison aurait été à leur avantage.

Pendant le cours de l'année 1851, 1,100 condamnés ont occupé l'établissement. Les salaires des employés se sont élevés, dans cette année, à 9,530 livres sterling, les frais de nourriture et d'entretien des prisonniers à 19,842 liv. 10 sh., ce qui porte la dépense totale d'une année à 29,372 liv. 10 sh., ou 734,300 fr., et celle de chaque détenu à 26 liv. 14 sh., ou 666 fr. Le produit du travail de cette année n'étant pas compté, puisqu'il a consisté en amélioration des bâtiments, il en résulte que la dépense afférente à chaque prisonnier a été plus considérable qu'à Portland et sur les pontons, mais que l'État a bénéficié de la valeur de ces améliorations.

Les condamnés envoyés aux Bermudes, groupe d'îles de l'océan Atlantique, y sont placés dans un établissement temporaire formé depuis 1834; ils y sont employés, les uns à construire à Bermuda une digue ou brise-lame, dans le genre de celui de Portland, les autres à achever quelques fortifications dans la petite île d'Irlande, qui fait partie de ce groupe. Il paraît que, pour la discipline et le travail, ils sont soumis à peu près au même régime qu'à Portland.

Enfin, des convicts envoyés en petit nombre à Gibraltar y sont employés à des travaux analogues.

Voici maintenant la marche que le surintendant général a adoptée pour que tous les condamnés à la transportation passent alternativement dans les diverses périodes de probation exigées par les règlements, avant d'être congédiés avec leur billet de permis.

Le 1ᵉʳ de chaque mois, les bureaux du ministère de l'intérieur lui fournissent un état du nombre des condamnés à la transportation qui se trouvent dans les prisons de bourgs et de comtés, accompagné d'une note estimative du nombre d'accusés qui seront probablement condamnés dans le cours des trois mois suivants.

D'après cette information, jointe à l'état mensuel du nombre des prisonniers détenus dans chaque prison de condamnés, et d'autres détails qui permettent de juger du nombre de convicts qui, ayant terminé la seconde période de probation, sera propre à être embarqué, le surintendant général détermine le moment où il convient de se procurer un bâtiment de transport, dont l'équipement se fait par les soins du lord de l'Amirauté.

L'embarquement produisant un certain vide sur les travaux publics, on le remplit aussitôt par les prisonniers qui ont accompli la plus large période de séparation à Pentonville, Milbank, Wakefield et autres prisons. Le vide occasionné par là dans celles-ci est, à son tour, rempli par les condamnés à la déportation qui se trouvent dans les prisons de bourgs et de comtés.

Précédemment les juges visiteurs de ces dernières prisons s'étaient plaints de la prolongation de séjour qu'y faisaient les condamnés à la transportation, après qu'ils avaient été jugés. Dans son dernier rapport, le surintendant général dit que ses efforts constants ont été de faire droit à ces plaintes, et qu'il a la satisfaction de pouvoir annoncer que pour la première fois, à la fin de l'année, il y a dans les prisons de condamnés, de bourgs et de comtés, plus de cellules vacantes qu'il ne se trouve, pour les remplir, de condamnés à la transportation.

Tout ce qui précède Messieurs, est relatif aux hommes condamnés à cette peine ; j'ai à vous entretenir maintenant des femmes et des enfants qui ont encouru la même condamnation.

Le caractère de la criminalité n'est pas le même dans les deux sexes ; le tempérament de la femme, ses habitudes sédentaires, ses instincts, son éducation première, ne l'exposent pas autant que l'homme aux tentations, aux emportements, à l'insatiabilité de désirs qui conduisent au crime : elle a donc moins d'occasions de mal faire ; plus faible, plus timide, retenue par la pudeur, elle ose moins aussi. D'une

Femmes.

imagination mobile, facile à s'exalter, ses écarts viennent le plus souvent des impressions du moment. Ainsi elle se mêle rarement aux troubles civils, aux rébellions; mais si elle y prend part, elle le fait inopinément, sans préméditation, mue par un sentiment soudain dont elle ne se rend pas compte, et qui naît en présence du spectacle qu'elle a sous les yeux; mais dans de tels moments sa participation ne connaîtra plus de bornes, elle ira quelquefois jusqu'à la cruauté; aussi, en politique, les femmes sont-elles en général plus ardentes, plus passionnées que les hommes; elles le sont aussi davantage dans les troubles religieux, dont elles se font ordinairement les auxiliaires les plus actifs, moins encore par conviction que par entraînement.

Si elles se livrent à des attentats contre les personnes, c'est rarement par cupidité; mais elles y sont poussées par de grandes passions, telles que l'amour, la jalousie, la haine. Leurs crimes dans ces cas n'ont rien de viril, elles se cachent pour les commettre, elles prennent leur moment, elles épient leur victime; c'est par empoisonnement, par incendie qu'elles procèdent. Lorsque par exemple, en France, 100 crimes étaient indistinctement commis en 1849 contre les personnes, il ne s'en trouvait que 13 imputables à des femmes; mais en spécialisant chaque nature de crimes, on constatait que, sur 100 empoisonnements, 43 leur étaient attribués; que, sur 100 incendies, elles en avaient commis 26; qu'elles s'étaient aussi rendues coupables d'un égal nombre de parricides; et qu'enfin, sur 100 faux témoignages, la haine, la jalousie, leur en avaient fait commettre 25; tout cela, vous le voyez, dans une proportion qui est sans rapport avec celle qui existe entre les crimes généraux commis par les deux sexes, puisque cette proportion est pour la femme d'un crime sur environ 6 et demi, commis par les hommes.

Il est d'ailleurs trois espèces d'actes coupables qui, par leur nature, présentent toujours un plus grand nombre d'accusations contre les femmes que contre les hommes : ce sont l'infanticide, la suppression ou supposition de part, l'avortement. De ces femmes les unes sont mues par le désir de cacher leur honte, en faisant disparaître la preuve de leur faiblesse ; d'autres prêtent leur concours par intérêt pour la personne ; d'autres, enfin, en exerçant un infâme métier. Si l'on déduisait, du nombre de femmes traduites en France aux assises, celles qui ont été poursuivies pour ces trois sortes d'attentats, il ne resterait plus que 12 femmes sur 100 accusées de diverses autres espèces de crimes.

Le nombre des atteintes portées par les femmes à la propriété est, relativement aux hommes, à peu près dans la même proportion que celui des crimes contre les personnes.

Il en est de même pour la généralité des délits : c'est à peu près 1 sur 6 ou 6 et 1/2. Mais cette proportion change relativement à certains délits d'une nature spéciale ; ainsi, en 1849, date de nos dernières statistiques, sur 1000 délits contre les mœurs, les femmes en avaient commis 296 ; sur un égal nombre de délits de diffamations et d'injures publiques, elles comptaient pour 262.

Dans le Royaume-Uni, les proportions entre les crimes commis par les deux sexes sont différentes. En Angleterre et dans le pays de Galles, les femmes commettent à peu près 1 crime sur 5, ou environ 21 pour 100 ; la proportion pour elles est de près de 19 pour 100 en Irlande ; elle se rapproche de la France en Écosse, où elle est de 15 pour 100.

Quant aux délits, en Angleterre et dans le pays de Galles, la proportion est la même que celle des crimes, c'est-à-dire que les femmes en commettent un peu plus de 21 sur 100 ; mais elle est bien supérieure en Irlande et en Écosse : dans le premier de ces royaumes, elle excède 36, et dans le second elle est de plus de 35 sur 100.

Ce qui doit être remarqué, c'est que le nombre des femmes condamnées en Angleterre et dans le pays de Galles pour assassinats, augmente sensiblement d'année en année, tandis que celui des hommes punis pour le même crime tend à diminuer. Ainsi, en prenant trois périodes de quatre ans chacune, depuis 1835 jusqu'à 1849, on trouve que dans la première période, sur 315 assassinats, 92 ont été commis par des femmes ; que, sur 347 dans la seconde, les femmes comptaient pour 126, et que, sur 365 commis dans la troisième, les condamnations portaient sur 160 femmes.

Pourquoi une différence à cet égard entre l'Écosse et les autres parties du Royaume-Uni ? Pourquoi une différence aussi entre ces dernières parties et la France ? Pourquoi la femme est-elle plus portée à commettre des crimes dans un pays que dans un autre ? Cela tient-il, en ce qui la concerne, à une différence d'éducation, d'où naît une virilité plus ou moins prononcée, une audace plus ou moins grande dans un pays que dans l'autre ? C'est un problème philosophique qui mériterait d'être approfondi. La population générale des deux sexes n'est pas, à la vérité, numériquement la même dans les deux pays. Ainsi, en France, il y a 17 hommes pour 16 femmes ; dans le Royaume-Uni, au contraire, la proportion est inverse, il y a à peu près 14 femmes pour 13 hommes. Pourquoi encore cette différence ? Nouveau pro-

blème. Mais on sent que cette proportion inverse n'est pas
assez forte pour expliquer la différence que nous avons si-
gnalée dans la criminalité relative de chaque sexe, en deçà
et au delà du détroit.

Quoi qu'il en soit, sur les 6,128 condamnés à la déportation, qui existaient au 1ᵉʳ janvier 1841 dans les lieux de répression du Royaume-Uni, il se trouvait à peu près un 5ᵉ et
1/4 de femmes.

Toutes celles dont la santé est assez robuste pour pouvoir
être transportées viennent à la prison de Milbank, qui en 1850
en a renfermé 406 dans un quartier entièrement séparé de celui
des hommes. Sur ce nombre, 22 n'avaient pas dix-sept ans;
117 avaient de dix-sept à vingt et un ans; 153 avaient de vingt
et un à trente ans; 114, âgées de plus de trente ans, étaient
néanmoins fortement constituées. On voit par là que le plus
grand nombre pouvaient rendre un jour d'utiles services à
la colonie où elles seraient envoyées. La plupart sont mises
en cellule, où elles s'occupent de travaux à l'aiguille; d'autres sont employées à des détails d'intérieur tels que la buanderie; toutes ont une heure de promenade par jour. Le régime de séparation ne paraît pas être défavorable à leur santé.
La femme, en effet, créée pour les soins de la famille, a plus
que l'homme le goût des occupations domestiques; comme
elle n'est pas propre aux travaux qui exigent un grand développement de force, elle aime peu à se mouvoir, le séjour de la cellule ne change donc rien à son état normal.
On a même remarqué que, dans les prisons cellulaires de
France, où les femmes jouissent comme à Milbank d'une
heure de promenade, on a de la peine à obtenir qu'elles
s'y donnent quelque exercice; d'ordinaire, munies d'un ou-

vrage à l'aiguille, debout, appuyées contre un mur, elles travaillent sans changer de place, et il faut presque leur faire violence pour les arracher à cette immobilité.

Le régime de la cellule, au point de vue moral, est si salutaire, il contribue tellement à l'amélioration des femmes, que, dans une enquête faite dernièrement en Angleterre à ce sujet, il a été constaté qu'il y avait une différence très-marquée entre celles qui étaient embarquées après avoir passé rapidement dans la prison de Milbank, et celles qui y avaient fait un séjour prolongé : ces dernières étaient obéissantes, rangées, avaient une tenue décente ; tandis que la conduite des autres était, le plus souvent, d'un cynisme révoltant et d'une indiscipline difficile à réprimer.

Mais on se préoccupe avec juste raison des atteintes que la foi conjugale peut recevoir, lorsque des femmes qui ont des maris et des enfants sont séparées d'eux et transportées dans un lieu, où, jouissant de la liberté de leurs actions, elles se trouvent d'ailleurs exposées à toutes les séductions, au milieu d'une population nouvelle, parmi laquelle leur sexe est en si grande minorité.

Le nombre des enfants qui encourent des condamnations dans le Royaume-Uni est considérable, et au delà du double de ce qu'il est en France. Peut-être aussi les excitations qui les portent à commettre des actes coupables sont-elles plus fréquentes chez nos voisins que chez nous. Les agglomérations d'ouvriers dans de grandes villes telles que Londres, Manchester, Liverpool et autres ; la nécessité où ils se voient d'abandonner leurs enfants et de les laisser vagabonder, pendant qu'ils sont à leur travail, l'insuffisance d'établissements destinés à suppléer à la surveillance des parents, sont autant de causes qui contribuent à accroître la catégorie des petits délinquants.

On est affligé de voir dans une immense ville comme Londres, à côté de magnifiques quartiers, où tout annonce la splendeur d'une grande nation, où circule une population bien vêtue, et dont l'extérieur indique l'aisance, d'autres quartiers composés de rues étroites et infectes, surchargés d'habitants misérables, déguenillés, maladifs, où s'agitent des nuées d'enfants presque entièrement privés de vêtements, abandonnés à eux-mêmes et livrés à la licence la plus désordonnée.

Dans ces quartiers, comme dans ceux de la plupart des grandes villes, sont des théâtres à deux pence, *penny-theatres*, où, pour vingt de nos centimes, on assiste aux représentations les plus immorales. Les enfants, particulièrement avides de ces spectacles, s'ingénient de toutes les manières à dérober ou à obtenir les deux pence qui doivent leur en procurer l'entrée; ou ils volent leurs parents, ou ils mendient, et c'est ainsi que de très-bonne heure ils commencent cette vie de déréglement qui altère en eux le sens moral, et les amène insensiblement à l'obligation de rendre compte de leurs actions à la justice.

On compte à Londres plus de cent de ces spectacles à deux pence, au moins quarante à Liverpool, et plus ou moins dans les autres grandes villes.

Des écoles d'enfants pauvres, auxquelles on a donné le nom d'*écoles déguenillées*, se propagent et commencent à opérer quelque bien; mais un dixième au plus de ces enfants peut y être admis, et les autres continuent à vivre dans l'ignorance la plus absolue et la dégradation la plus complète.

D'ailleurs, les écoles nationales, dans les paroisses, ne sont ouvertes que cinq heures, pendant quatre jours de la semaine, et trois heures seulement les deux autres jours. Il y a donc beaucoup de temps perdu pour les écoliers, et ce temps est fatalement employé.

Neuf ans était à peu près l'âge auquel, précédemment, un enfant pouvait être déclaré coupable de félonie; de sorte que jusqu'à ce moment, quel que fût le délit qu'il avait commis, on le rendait constamment à la liberté; il n'était pas rare qu'après cet âge, et lorsqu'il encourait une condamnation, il n'eût déjà été arrêté plusieurs fois, et n'eût séjourné plus ou moins longtemps en prison, mêlé à d'autres malfaiteurs; c'est ainsi que se formait en Angleterre l'éducation criminelle de cette classe de délinquants; mais maintenant les enfants, même au-dessous de neuf ans, peuvent être condamnés à la transportation, et on agit ainsi dans la bienveillante intention de les faire entrer et élever à la colonie de Parkhurst, dont nous vous entretiendrons bientôt.

Dans l'année 1850, il y a eu en Écosse 521 condamnations d'enfants au-dessous de seize ans, dont 424 garçons et 97 filles. Il y en a eu en Irlande, dans la même année, 2,160, dont 1,605 garçons et 555 filles. Enfin, en Angleterre et dans le pays de Galles, 1,800 garçons et 340 filles ont été condamnés; mais, quant à l'Angleterre et au pays de Galles, ces derniers chiffres peuvent n'avoir pas toute l'exactitude désirable; ce qui fait un total, pour le Royaume-Uni, de plus de 5,200 condamnations d'enfants par année.

Si on remarque une certaine diminution dans leur nombre depuis 1847, elle n'est qu'apparente : elle doit être attribuée à un statut de la reine Victoria, promulgué en juillet de la même année, qui autorise les juges à punir sommairement pour vol simple les enfants âgés de quatorze ans et au-dessous, ce qui écarte par là des tableaux de statistique criminelle un grand nombre de petits délits qu'on y faisait figurer précédemment.

En France, les condamnations de toutes natures d'individus au-dessous de seize ans n'ont été, en 1847, que de 2,807 : savoir, 2,398 portent sur de jeunes garçons, et 409 sur de jeunes filles, ce qui est un peu plus que la moitié des condamnations anglaises.

Du reste, en Angleterre, les jeunes délinquants tombent en récidive deux fois plus que les adultes; on y fait une distinction entre ceux âgés de moins de douze ans et ceux qui ont atteint quatorze à quinze ans; dans les premiers, la prédisposition au mal n'est en quelque sorte qu'en germe; elle se développe dans les seconds d'une manière très-remarquable; elle se traduit davantage chez eux en actes réfléchis qui ont leurs motifs et leur but.

On a remarqué qu'en général, dans la vie d'un criminel, la période de la jeunesse paraît à peine exister, ou plutôt on ne l'aperçoit pas : l'individu semble passer tout à coup de l'enfance à une virilité précoce, c'est-à-dire à une perversité active et raisonnée d'esprit et de cœur.

Cette remarque est fondée : qu'on se figure, en effet, des enfants abandonnés de leurs parents dès l'âge le plus tendre, voués à la misère, livrés à leurs mauvais instincts, aux prises avec la nécessité de pourvoir à leurs besoins, à leurs plaisirs, à leurs goûts, le plus souvent dépravés. On ne saurait croire tout ce qu'il leur faut d'intelligence, de ruse, de hardiesse pour se procurer le pain de chaque jour, l'abri de chaque nuit.

l'entrée des lieux où ils pourront repaître leur imagination de scènes qui la tiennent en éveil; pour exciter, pour émouvoir et exploiter la pitié publique, pour tromper la vigilance de la police, qui les observe, et commettre une multitude de petits vols, contre lesquels la population honnête ne se tient point assez en garde. Et cependant, quoique le nombre des jeunes délinquants soit, en Angleterre, le double de ce qu'il est en France, nos voisins ont remarqué eux-mêmes que chez eux la partie la plus jeune de la population n'approche pas de la précocité d'intelligence et d'action qui distingue la partie correspondante de la population française.

Quoi qu'il en soit du caractère des deux nations, l'une et l'autre reconnaît à l'envi la nécessité de se saisir de ces enfants, de s'emparer de leurs aptitudes diverses pour leur donner une meilleure direction; de faire que par le sentiment religieux, que la plupart n'ont jamais connu, et qu'on suscitera en eux, ils acquièrent les notions du juste et de l'injuste, et qu'en les pliant à des habitudes d'ordre et de travail, on fasse tourner vers le bien des forces et des ressources qu'ils ont jusque-là employées à se pervertir.

Mais, pour y parvenir, on reconnaît aussi, en Angleterre comme chez nous, que les courtes détentions sont sans efficacité; il faut du temps et un régime persévérant pour produire de bons résultats. Cette inefficacité a été démontrée par une enquête récente, dans laquelle il a été constaté qu'à la maison de correction de Bath, par exemple, 55 enfants sortis en 1844 avaient été jusqu'en 1849, c'est-à-dire en six ans, repris deux cent seize fois; que 46 l'avaient été en cinq ans cent quarante-cinq fois; que le même nombre, enfermés en 1847 avaient été emprisonnés cent quinze fois en deux ans.

Aussi a-t-on pris le parti, depuis assez longtemps, de condamner les enfants à des peines plus longues. Ces peines, qui sont l'emprisonnement et la transportation, sont souvent combinées avec le fouet; quelquefois aussi, mais pour de très-légers délits, le fouet est infligé sans addition d'autre peine.

Les opinions sont diverses en Angleterre sur l'efficacité de ce dernier genre de correction à l'égard des enfants. Les uns trouvent qu'il émousse et affaiblit le sens moral, qu'il humilie, dégrade, et, par cela même, révolte et endurcit celui qui la subit. Les autres croient, au contraire, qu'en produisant la douleur physique, le fouet imprime un effroi durable, et qui, se reproduisant à l'esprit chaque fois qu'on est tenté de se livrer à une nouvelle faute, détourne de la commettre. Ce qu'il y a de certain, c'est que, dans les divers établissements que nous avons visités, on nous a assuré qu'il y avait peu d'exemples d'un détenu, enfant ou adulte, qui après avoir été soumis une fois à ce châtiment s'y exposât une seconde.

Il faut dire aussi qu'en Angleterre la honte que nous attachons en France à son infliction n'existe pas au même degré : aussi on en fait un usage habituel dans les colléges. Il n'est aucun personnage important du Royaume-Uni qui n'avoue avoir subi dans sa jeunesse ce mode de correction, également en usage sur les bâtiments de l'État et dans l'armée, et contre lequel, nous le répétons, ne s'élève pas cette répulsion énergique qui, chez nous, en a rendu le maintien impossible.

La peine de l'emprisonnement infligée aux jeunes délinquants subit en Angleterre les mêmes variations que pour les adultes, selon que les prisons se trouvent sous l'autorité immédiate du gouvernement ou sous celle des administrations de bourgs et de comtés. La séparation, le régime en commun avec ou sans silence, avec ou sans travail, sont employés sans uniformité.

Les condamnations à la transportation ne sont jamais, comme pour les adultes, inférieures à sept ans, et les enfants, nous l'avons dit, peuvent en être atteints même avant l'âge de neuf ans.

Colonie pénitentiaire de Parkhurst.

Ils sont préparés à cette peine par un temps d'épreuves passé dans une colonie agricole pénitentiaire; cette colonie, dont le nom est Parkhurst, a été fondée, il y a environ treize ans, dans l'île de Wight : le lieu ne pouvait être mieux choisi. L'île, qui est en regard et sur la côte de Southampton, en est séparée par un chenal assez étroit; elle n'a que neuf lieues de long sur six de large; le climat en est salubre et tempéré. La végétation y est belle, les sites y sont variés; c'est peut-être ce qui a déterminé la reine Victoria à y faire l'acquisition d'un château, résidence qu'elle affectionne beaucoup et où elle passe une partie de l'année. Le territoire est divisé en deux districts séparés par une petite rivière appelée Médina, dont ils reçoivent le nom. Ainsi, il y a le district de Médina oriental et celui de Médina occidental. Newport, petite ville de 4,000 âmes, est la capitale de l'île. L'établissement de Parkhurst en est à une lieue.

Arrivés de Londres à Southampton, nous fîmes la traversée sur un bâtiment à vapeur, et, après une heure et demie de navigation, nous abordâmes à Cowes; là, une voiture nous conduisit en deux heures à Newport, où nous arrivâmes à la nuit, laissant Parkhurst à notre droite.

Le lendemain, au point du jour, par une de ces belles matinées si rares en Angleterre, nous nous rendîmes à pied à la colonie.

Nous y étions attendus. En l'absence du gouverneur, qui était en congé, le député-gouverneur nous reçut et nous fit visiter l'établissement dans tous ses détails.

Les principaux bâtiments de Parkhurst étaient originairement une caserne; on les a agrandis, et ils ont été appropriés à la nouvelle destination qui leur a été donnée.

La colonie, au moment où nous l'avons visitée, renfermait 560 détenus, qui sont divisés en deux grandes sections; l'une, placée dans ce qu'on appelle le quartier général, formée des bâtiments principaux, se compose des plus âgés. Le quartier des plus jeunes renferme 208 enfants; des bâtiments nouvellement construits lui sont affectés; ils sont situés sur une élévation, à dix minutes des précédents. Tous les détenus sont vêtus de drap gris.

Lorsqu'après avoir subi son jugement un enfant arrive à Parkhurst, il est mis aussitôt en cellule, et demeure soumis au régime de séparation sans travail pendant quatre mois; on lui donne des livres, le chapelain s'occupe de son instruction religieuse, et il va deux fois par jour à l'école. Cette première épreuve, à laquelle cent trente-huit cellules, de douze pieds de longueur sur sept de largeur, sont destinées, produit sur l'enfant le même effet que le séjour de Pentonville sur les adultes destinés à être envoyés plus tard à Portland. Les cellules dans lesquelles les autres enfants passent seulement la nuit n'ont que neuf pieds sur six. Toutes laissent à désirer; la ventilation en est défectueuse.

Les prisonniers du quartier général et ceux du quartier des plus jeunes garçons sont divisés en trois classes.

Après les quatre mois d'épreuve passés dans la cellule, les détenus sont admis dans la troisième classe; le minimum de la détention dans cette classe est encore de quatre mois; pendant ce temps la discipline est sévère, aucun privilége spécial n'est accordé au prisonnier; si, d'après le témoignage des employés, il a mérité par son travail, son attention et sa bonne conduite, de passer dans la deuxième classe, il y est inscrit.

Cette deuxième classe est partagée en deux divisions, appelées première et deuxième division de la deuxième classe; ceux qui font partie de cette dernière sont distingués par une plaque en drap rouge sur la manche droite de la veste; cette plaque porte le chiffre 2 en drap blanc. La première division de la deuxième classe porte le même signe avec le chiffre 1.

Aucun prisonnier n'est promu à cette première division avant d'avoir passé au moins trois mois dans la deuxième, et nul ne peut être admis dans la première classe avant d'avoir été au moins trois mois dans la première division de la deuxième classe.

Cette deuxième classe est tenue sous une discipline également sévère; mais elle a le privilége d'assister à une école du soir, après que les prisonniers de la troisième classe ont été renfermés dans leurs cellules.

Enfin, la première classe est également formée de deux divisions, appelées la première et la deuxième division de la

première classe; elles sont distinguées, l'une par une plaque
en drap bleu sur le bras droit, avec le nº 2 en blanc, l'autre
par la même plaque avec le nº 1.

Dans les circonstances ordinaires, aucun prisonnier n'est
promu à la première division de cette classe, avant d'avoir
passé au moins six mois dans la deuxième de la même classe.

Cette dernière période de probation est d'une haute importance. C'est parmi les prisonniers qui la parcourent que
sont choisis ceux auxquels le privilége du billet de permis
pour une des colonies est accordé. On attend d'eux qu'ils
servent d'exemple à tous les détenus, et qu'ils se montrent
fermement déterminés à être laborieux et à se rendre utiles
dans le lieu où ils seront envoyés.

Le gouverneur a le pouvoir de dégrader un prisonnier
qui commet une faute, et tout prisonnier dégradé dans une
classe perd les avantages attachés à cette classe.

Comme récompense du travail et de la bonne conduite,
une gratification est accordée à ceux qui en sont dignes;
elle est différente pour chaque classe, et, comme à Pentonville, à Portland, elle est portée au crédit du détenu
pour être transmise au gouverneur de la colonie dans
laquelle il sera envoyé, lequel gouverneur la lui remettra
avec certaines restrictions, en veillant à ce qu'il en fasse un
bon usage.

Ces gratifications sont, dans le quartier général, de
6 pence, ou 12 sous, par semaine pour la première classe;
de 3 pence, ou six sous, pour la deuxième. Elles sont, dans
le quartier des plus jeunes, de 4 pence pour la première classe, et de 2 pence pour la deuxième. On a d'ailleurs égard, pour l'attribution de ces gratifications, aux

cas où des prisonniers sont à l'infirmerie, ou empêchés de travailler par suite de quelque accident. Ces circonstances ne les privent pas de les recevoir s'ils continuent à les mériter.

Celui qui se conduit mal, ou qui est en punition, ne peut prétendre à aucune gratification; de même que celui qui a tenté de s'évader, ou qui s'est rendu coupable d'outrages ou d'actes de violence, perd les gratifications précédemment portées à son crédit.

Tels sont les moyens auxquels on a recours pour faire naître l'émulation parmi les jeunes détenus de Parkhurst.

Punitions. Voici maintenant les punitions qui y sont employées.

Elles sont de cinq sortes :

L'admonition;

La mise au pain et à l'eau pour un ou deux repas;

La mise en cellule, également au pain et à l'eau, de un à trois jours;

La cellule ténébreuse, aussi de un à trois jours;

Enfin, le fouet. Ce châtiment est infligé sur le bas des reins, avec un faisceau de verges. L'enfant est étendu et lié sur une espèce de brancard. Le nombre des coups est de dix à trente: ils sont appliqués par un gardien, en présence du médecin, qui peut arrêter la punition si l'état du patient lui paraît l'exiger. Un tel châtiment est très-rare, il n'est infligé que dans les cas de voies de fait envers un employé, et il l'est sur-le-champ; mais il ne peut être ordonné que par le gouverneur, et l'effet en est si efficace, qu'il y a des enfants dont la bonne conduite date du jour où ils l'ont subi. Les ordres du député-gouverneur suffisent pour les autres punitions, qui, en général, n'excèdent pas quatre par jour. Il en est tenu registre.

Quatre-vingt-dix jeunes délinquants sont conduits chaque jour à l'école; tous y vont deux fois le dimanche; ce jour-là aussi, ils assistent deux fois au service divin.

On se lève dans l'établissement à cinq heures et demie; les enfants se lavent, lavent leurs cellules, nettoient leurs vêtements, cirent leurs souliers et déjeunent; à sept heures et demie, ils se rendent à la chapelle, et à huit heures seulement ils vont au travail; ils rentrent pour le dîner : la prière du soir se fait après le souper, dans la salle où le repas a été pris. Nous avons assisté à l'un de ces repas, celui du matin; les détenus le prennent dans un réfectoire, debout, la tête découverte, après que le gardien a récité le Benedicite; le repas est terminé par une nouvelle prière.

La nourriture, comme dans les autres prisons d'Angleterre, nous a paru excessive.

Le déjeuner se compose d'une pinte de cacao, auquel on a mêlé 1/4 de pinte de lait, et 3/4 d'once de mélasse; 6 onces de pain y sont jointes.

Le dîner est d'une pinte de potage gras, avec pommes de terre et orge d'Écosse; de 4 onces de bœuf cuit, sans os, de 3/4 de livre de pommes de terre, et de 6 onces de pain.

Enfin, le souper se compose d'une pinte de gruau, fait avec 2 onces 1/2 de farine d'avoine, encore édulcorée avec de la mélasse, 6 onces de pain, et une livre de pommes de terre. La section des plus jeunes reçoit un peu moins de pain.

On se couche à huit heures; chacun à sa cellule de nuit. Ce régime est salutaire, il y a peu de malades et très-peu de décès.

Un terrain de 79 acres, mis en culture, est attaché à l'établissement ; on se proposait d'y en ajouter 80 autres en prairies, pour l'élève des bestiaux.

En l'état, on entretenait seulement quelques vaches laitières, et on élevait un certain nombre de porcs, le tout pour la consommation de la maison.

Tout se cultive à bras ; les enfants sont régulièrement et alternativement employés à cette culture, selon la mesure de leurs forces ; on s'attache en outre à leur faire faire par eux-mêmes tout ce qui est utile à l'établissement : ainsi, on les occupe, à tour de rôle, à la boulangerie, à la forge, à l'atelier des charpentiers, à celui des tailleurs et des cordonniers ; on leur fait tricoter des bas et laver leur linge ; c'est d'ailleurs une récompense pour eux d'être employés au jardinage et à la laiterie. De cette manière, lorsqu'ils sortent de Parkhurst, et qu'ils arrivent dans le lieu de leur transportation, ils sont en état de se livrer à tous les travaux pour lesquels leur coopération sera demandée.

Le sol de Parkhurst étant d'ailleurs propre à la confection des briques, une quarantaine d'enfants sont constamment employés à cette fabrication. Mais le sol, qui dans cette partie de l'île repose sur une couche crayeuse, est peu productif ; il ne fournit, en céréales ni en pommes de terre, des récoltes suffisantes pour la consommation de l'établissement. Son produit n'est pas évalué à plus de 1,000 livres sterling ; et comme l'entretien, la nourriture des enfants, les gages des employés forment une dépense totale de 12,000 livres, il reste à la charge de l'État une dépense de 11,000 livres, ou 275,000 francs, ce qui fait près de 400 fr. par chaque enfant. Trente officiers ou gardiens suffisent à la surveillance de la colonie, et il n'y a, chaque jour, qu'une garde de neuf soldats pour empêcher les évasions, qui d'ailleurs sont fort rares.

Le colonel Jebb fait sentir, dans son dernier rapport, que la prison de Parkhurst ayant été établie dans le but de donner une instruction industrielle aux enfants condamnés à la transportation, la grande difficulté avait été d'empêcher que cet établissement n'offrît de l'attrait, et de combiner la discipline pénale de manière à produire un effet intimidant, sur la population en général, sans toutefois dépasser les limites d'une modération sage et éclairée. Il fallut, pour cela, observer avec le plus grand soin l'impression produite par chaque mesure sur les esprits légers et les cœurs endurcis; car si le régime eût été d'une sévérité trop rigoureuse, il eût créé dans les enfants une sorte d'obstination et de révolte intérieure; et si on se fût relâché, si on eût davantage assimilé ce régime à celui d'une école industrielle libre, les traits du caractère pénal se seraient effacés, et alors on aurait eu à combattre une autre nature d'inconvénients.

Des améliorations que l'expérience a semblé justifier ont donc été introduites. On a augmenté le temps donné aux occupations industrielles, telles que la construction des drains et des tranchées, la fabrication des briques, les travaux de charpente, de maçonnerie, etc.; on a diminué celui accordé à l'école; on a reconnu que, pour cette classe de jeunes garçons, l'effet d'une trop grande culture de l'esprit, dans les connaissances séculières, loin de favoriser leurs intérêts, leur serait nuisible; toute instruction qui, pour eux, excède la lecture, l'écriture et les premières règles de l'arithmétique est propre à leur faire mépriser les humbles emplois auxquels ils pourront prétendre à leur arrivée dans les colonies; et de là, sans doute, le peu de soin qu'ils mettront à gagner l'affection des maîtres chez lesquels ils seront placés.

Dans une dernière enquête parlementaire faite à ce sujet, on n'a pas seulement reproché en effet à l'établissement de Parkhurst de donner trop à l'enseignement intellectuel et pas assez au travail manuel proprement dit, on a reproché aussi au système qui y est suivi d'être trop artificiel en ce qu'il ne porte point assez le jeune garçon à agir par lui-même, à penser par lui-même et à se rendre un compte raisonné des motifs de ses déterminations; on trouve qu'en le soumettant à une pression en quelque sorte mécanique, de la part de ceux sous l'autorité desquels il se trouve, on agit trop sur lui, qu'il le veuille ou non. Et enfin, on est allé jusqu'à douter si les actions pénale et réformatrice doivent être réunies dans le même lieu, ou s'il ne conviendrait pas qu'elles fussent exercées dans des lieux différents?

Le colonel Jebb a paru reconnaître qu'une partie de ces reproches était fondée, et il s'étudie à remédier aux inconvénients qui ont été signalés.

J'avoue que pour ma part, en voyant ces jeunes gens si forts, si vigoureux, si pleins de vie, destinés à être à jamais retranchés de la mère patrie; en pensant que, dès le jour où ils ont mis le pied dans l'établissement, tous liens sont désormais rompus entre eux et leurs familles, et aussi entre eux et le pays où ils ont pris naissance, je ne pouvais me défendre d'un sentiment profond de tristesse. En effet, tant que dure leur séjour à Parkhurst, ils ne peuvent entretenir aucune relation avec leurs parents, il leur est interdit de leur écrire et de les voir; il semble qu'on s'étudie à arracher de leur cœur l'attachement qu'ils peuvent leur conserver; on part sans doute de l'idée que tous ces parents sont corrompus et que leur fréquentation peut offrir des dangers. Ce n'est que le jour du départ pour le lieu de la transportation, que les jeunes condamnés sont admis à leur faire leurs adieux, et ces adieux sont presque toujours éternels, car bien que la durée de la peine encourue soit le plus souvent limitée, une fois arrivés dans la colonie, ils y prennent racine; et, soit qu'ils s'attachent à cette nouvelle patrie, parce qu'ils sont parvenus à s'y créer des moyens d'existence, soit qu'ils n'aient pas, lorsque leur peine est expirée, la possibilité de payer leur passage pour revenir dans la métropole, le gouvernement ne prenant pas leur rapatriement à sa charge, les exemples de retour sont très-rares.

Quoi qu'il en soit, les liens de famille chez ces jeunes gens sont tellement affaiblis, qu'ils montrent une grande impatience de voir arriver le jour de leur transportation. Cet avenir de liberté dans un autre hémisphère enflamme leur imagination, et c'est sans regret qu'ils quittent la mère patrie.

Il n'y a pas d'âge fixé pour leur embarquement; il a lieu lorsqu'ils ont terminé les diverses épreuves auxquelles ils ont été soumis, et lorsqu'après avoir obtenu leur billet de permis, on les juge assez forts pour pouvoir gagner leur vie; en général, ils restent à Parkhurst de 2 ans et 1/2 à 4 ans, et ils sont transportés d'après l'échelle suivante :

Les condamnés à 7 ans, après une détention de 2 ans et 1/2 dans le quartier général, ou de 3 ans dans le quartier des jeunes;

Les condamnés de 10 à 15 ans, après une détention de 3 ans dans le quartier général, ou de 3 ans et 1/2 dans celui des jeunes;

Les condamnés à plus de 15 ans, après une détention de

3 ans dans le quartier général, et de 4 ans dans le quartier des jeunes.

Enfin, les condamnés qui ne se sont pas conduits de manière à mériter leur billet de permis, et qui sont parvenus à un âge où on ne peut plus les considérer comme jeunes détenus, sont transférés dans des prisons d'adultes, et soumis à la période entière de probation, comme s'ils n'avaient pas été admis à la prison de Parkhurst.

Quelques enfants, choisis parmi les plus mauvais sujets, ont aussi été envoyés à la ferme-école de Red-Hill, fondée, il y a environ cinq ans, par la Société philanthropique de Londres sur le modèle de la colonie de Mettray.

Cet établissement, qui se soutient par des souscriptions volontaires, est dirigé par un respectable ecclésiastique, le révérend Sydney Turner, qui en est le chapelain ; il est situé dans le comté de Surrey, à une vingtaine de lieues de Londres ; il a été institué par acte du parlement, pour deux objets : 1° pour protéger les enfants sans ressources dont les parents ont été condamnés ; 2° pour améliorer les jeunes délinquants : mais l'œuvre principale est la réforme de ceux-ci.

Il en vient de toutes les parties de l'Angleterre et de trente à quarante prisons différentes ; mais la masse est tirée des quatre grandes prisons de Londres, Milbank, Westminster, Brixton et Coldbathfields.

Dans quelques comtés, des associations de magistrats et d'autres personnes de distinction s'occupent également de la réforme des jeunes condamnés qui sortent des prisons de ces comtés ; mais, au lieu de fonder des établissements du même genre, ils les envoient à Red-Hill, et allouent une certaine somme pour leur entretien et leur éducation. Red-Hill n'est donc pas, comme on pourrait le supposer, une institution publique ; mais pourtant on y reçoit, à la recommandation du secrétaire d'État de l'Intérieur, un grand nombre de jeunes prisonniers condamnés à la transportation, avec la faveur de ce qu'on appelle une *grâce conditionnelle*. Le gouvernement paye l'entretien de ceux-ci, à raison de 6 schellings par semaine.

Le système suivi à Red-Hill consiste à faire, autant que possible, agir les jeunes garçons par eux-mêmes ; ils doivent se diriger, se surveiller sans secours étrangers ; on excite en eux le sentiment de leur intérêt bien entendu ; on les accoutume à se conduire sous leur propre responsabilité, et on influe sur eux de manière à éveiller graduellement le sentiment religieux, par des avis tout personnels, et en insistant plutôt sur la théorie que sur la pratique.

Toutes les semaines, la conduite de chaque détenu est scrupuleusement examinée ; il comparaît devant le chapelain directeur de la ferme-école, et, sur le rapport des moniteurs qui ont surveillé son travail et des maîtres qui ont eu l'œil sur lui, sa nourriture, pour la semaine qui va commencer, se règle d'après sa conduite pendant la semaine expirée. Il peut ainsi, jusqu'à un certain point, se diriger, se gouverner lui-même, se punir, s'encourager ; il est mieux ou plus mal nourri, selon le rapport qui est fait, et il peut lui-même déterminer le sens de ce rapport.

Quant à l'effet produit par ce système, le révérend Turner assure que l'amélioration des enfants s'obtient d'autant plus facilement, que leur régime alimentaire a été jusque-là plus restreint, et le travail plus réel et plus régulier. Les sujets les plus difficiles à traiter venaient des prisons où, bien qu'il y eût une discipline sévère, le travail n'était pas réel, et où l'on accordait ce que l'on pourrait appeler des jouissances sensuelles, sous le rapport de la nourriture et du vêtement. Ainsi, disait le respectacle chapelain, dans l'enquête à ce sujet, lorsque nos premiers enfants nous furent arrivés de Parkhurst, en 1846, ils se plaignaient de n'avoir pas le confortable auquel on les avait accoutumés; ils demandaient d'être plus vêtus; d'avoir du gruau le soir et du cacao le matin; ils disaient ne pouvoir sortir l'hiver sans *mitaines* et sans écharpes pour cache-nez, ce qui pourtant ne veut pas dire, ajoutait-il, qu'on leur en donne à Parkhurst, mais simplement qu'on ne les y endurcit pas assez aux intempéries de la saison.

À Red-Hill, les jeunes garçons vivent de la nourriture des campagnes : ils n'ont de la viande que deux fois par semaine, point de cacao, point de gruau, point de rations *extra*, excepté pour quelques-uns d'entre eux qui ont terminé leur temps de probation, et qui sont notés pour être envoyés au dehors ou placés chez des particuliers.

Le temps est ainsi employé : les détenus se lèvent à cinq heures et demie, font leur chambre, reçoivent une heure et un quart d'instruction ; ils déjeunent, et à huit heures et un quart vont travailler aux champs; à midi, ils rentrent pour dîner; à une heure, on retourne au travail jusqu'à cinq heures et demie ; on soupe ; à sept heures et un quart, on retourne à l'école jusqu'à huit heures; alors service religieux, chants et prières, enfin coucher. Il n'y a pas de temps déterminé pour la récréation ; on n'accorde à ces jeunes gens que quelques minutes, qu'ils peuvent prendre sur leurs repas ou après les classes.

La plupart des enfants admis à Red-Hill ne sont tombés dans le crime que par suite des circonstances malheureuses où ils avaient été placés. Sur trois cent quatre-vingt-sept que l'établissement avait reçus dans les quatre dernières années, près de deux cents étaient orphelins ou enfants naturels, et avaient été, dès leur plus jeune âge, privés de surveillance.

On remarque en général que ceux qui, avant de venir à Red-Hill, ont été soumis dans une autre prison au système cellulaire, sont d'un amendement plus facile. On obtient aussi de bons résultats de ceux qui ont été soumis au régime du silence tel qu'il est suivi à Coldbathfields et au Bridewell de Westminster; ceux-là forment le plus grand nombre. En général, plus il y a eu de travail et de sévérité dans la prison d'où les enfants de Red-Hill sont sortis, plus sûrement et plus promptement on obtient leur amélioration.

Avant qu'elle eût fondé sa ferme-école, la Société philanthropique plaçait ses enfants en apprentissage chez des chefs d'ateliers à Londres; alors la récidive parmi eux était de trente pour cent; soixante-dix étaient détournés de la voie du crime. Depuis l'établissement de la ferme, les résultats sont encore plus satisfaisants; il n'y a presque pas eu de rechutes après la libération, et, en quatre ans, on n'a compté que sept cas d'évasion.

On voit, par ce qui précède, quelle est la différence de système dans les deux établissements de Parkhurst et de Red-Hill. Dans le premier, l'enfant est constamment dirigé par ceux qui ont action sur lui; plié à une règle uniforme et invariable, il agit par soumission, et, plus habitué à compter sur autrui que sur lui-même, il se trouve ainsi dispensé d'appliquer le raisonnement à ses actes; dans le second, au contraire, l'enfant, laissé à son libre arbitre, sait ce qu'il fait et pourquoi il le fait. Aussi le révérend Turner, qui, dans l'enquête dont j'ai parlé, exposait cette différence de systèmes, disait-il, pour faire apprécier celui auquel il donnait la préférence, qu'une once d'action naturelle de la part d'un enfant valait mieux qu'un quintal d'actions suggérées, dont l'effet ne dure qu'autant que la pression existe. Il arrive dès lors, ajoutait-il, que les meilleurs sujets dans les prisons où il y a le plus de contrainte, sont les plus mauvais au dehors. On rencontre, en effet, d'autant plus de difficultés à les diriger dans la vie libre, qu'ils ont été plus accoutumés à se soumettre aux dispositions mécaniques du régime de la prison ; par cette raison, ils éprouvent du dégoût à se gouverner eux-mêmes ; il leur est presque impossible de faire aucun acte de spontanéité ; il se développe presque toujours en eux certaines dispositions qu'ils ignoraient, cachées qu'elles étaient sous l'empire de la règle.

Je viens de vous exposer, Messieurs, par quelles épreuves le gouvernement anglais préparait à la transportation ceux qui étaient condamnés à cette peine, adultes, femmes et enfants. La lenteur, la sévérité de ces épreuves, la manière dont elles sont graduées, produisent presque toujours l'effet de transformer entièrement ceux qui y ont été soumis, et d'en faire des êtres nouveaux, à la différence de l'ancien mode, qui consistait à embarquer les condamnés immédiatement après leur jugement, et à les envoyer avec tous leurs vices dans le lieu de leur destination, où ils ne pouvaient être qu'un sujet de répulsion de la part des colons, et d'effroi pour les contrées qui étaient obligées de les recevoir.

Ainsi, la cellule d'abord, invariablement imposée aux hommes, aux femmes et aux enfants.

Ensuite la vie commune, avec travail forcé pour les adultes

et les enfants : les premiers à Portland, sur les hulks ou pontons, à Dartmoor, aux Bermudes ou à Gibraltar ; les seconds à Parkhurst. Il n'y a pas d'intermédiaire de la cellule à l'embarquement pour les femmes : elles sont dispensées du travail forcé. La religion préside à toutes les épreuves ; elle fortifie, elle console, elle encourage, elle améliore : c'est elle qui a le principal rôle dans l'œuvre de la réforme.

A mesure que les épreuves touchent à leur fin, les condamnés éprouvent des sentiments bien divers : ceux qui ont une famille, une femme et des enfants auxquels ils sont demeurés attachés se consolent difficilement d'une séparation qu'ils envisagent avec douleur, quoique, pour quelques-uns, cette douleur doive être tempérée par la possibilité d'une réunion plus ou moins prochaine. En effet, si, arrivés dans la colonie, le gouverneur juge qu'ils peuvent par leur travail gagner suffisamment pour nourrir leurs familles, il en fait son rapport au gouvernement, qui non-seulement autorise celles-ci à aller les joindre, mais qui encore paye la moitié des frais de passage.

Quant aux célibataires, le moment du départ est impatiemment attendu par eux ; car il mettra un terme à leur captivité. Le lieu de leur transportation leur apparaît comme la terre promise : ils y jouiront de ce bien précieux dont ils sont privés depuis plusieurs années, la liberté ! Et dans ce pays nouveau, où tant de choses sont à créer, où chaque homme a sa valeur, ils ne sont pas sans espoir de s'assurer une existence, et peut-être d'y faire une fortune.

Quoi qu'il en soit, lorsque ce jour, redouté par les uns, désiré par le plus grand nombre, arrive, les préparatifs du départ se font avec une sorte d'appareil. Pour ne pas me répéter, je me bornerai à rapporter ce qui se passe à Portland.

Les condamnés, retirés des travaux, rentrent dans l'établissement, et y sont, pendant deux ou trois jours, l'objet des soins les plus attentifs : on les conduit au bain, on leur taille les cheveux, le médecin constate si leur santé leur permettra de supporter le voyage; les habits de la prison sont échangés contre des vêtements neufs, on les munit de linge également neuf; ce trousseau a une valeur d'environ 100 fr., ce qui, joint à environ 400 fr. pour frais du passage aux colonies, élève à 500 fr. la dépense de la transportation. Chaque convict, en recevant du gouverneur son billet de permis, reçoit aussi de lui des instructions toutes paternelles sur la conduite qu'il aura à tenir, soit pendant la traversée, à bord du bâtiment, soit dans le lieu où il sera déporté.

Mais c'est surtout par la religion qu'on tâche de prémunir leur âme contre les excitations qui pourraient de nouveau les détourner de la voie dans laquelle ils sont heureusement entrés.

Réunis au dernier moment dans le lieu consacré à la prière, le respectable chapelain leur adresse des exhortations qui, inspirées par la plus ardente charité, doivent laisser dans leurs âmes de profonds souvenirs, et, afin qu'ils ne les oublient pas, il en donne à chacun d'eux une copie. Nous avons eu sous les yeux celles qui ont précédé le départ le plus récent; vous nous pardonnerez de vous en rapporter quelques passages. Vous serez comme moi touchés, Messieurs, de ces paroles simples et onctueuses; elles vous montreront quelle direction est donnée à l'enseignement moral des malheureux qui les recueillent, et quelle est la nature des

devoirs qu'à ce moment suprême la religion leur rappelle
par la bouche de son ministre :

« Pécheurs, mes frères, leur disait-il, nous allons bientôt
« nous séparer, probablement à jamais dans ce monde; pensée
« solennelle! Mais nous nous retrouverons ; préparés ou non,
« nous nous retrouverons devant le juge suprême, pour ren-
« dre raison du temps que nous avons passé ensemble. Pen-
« dant ce temps, qu'avons-nous fait? Comment avons-nous
« profité des circonstances? Moi, comme indigne ministre
« du Christ, je dois compte de mes paroles et de mes actions.
« Vous, peuple commis à mes soins, vous devez compte de
« la manière dont vous avez accueilli le message de miséri-
« corde qui vous a été envoyé, et l'attention que vous y avez
« donnée...

« Vous allez sur une terre lointaine, et là, dans des con-
« ditions particulièrement favorables, vous pouvez re-
« conquérir l'estime de vos semblables et vous créer une
« honorable existence. Gardez-vous de repousser les moyens
« qui vous seront offerts d'y parvenir ; si vous fermez l'oreille,
« Dieu refusera de vous entendre, lorsque, plus tard, vos
« cris s'élèveront vers lui.

« Pendant votre traversée, vous pouvez faire beaucoup
« pour votre amélioration morale : que votre conduite ré-
« glée, respectueuse envers vos supérieurs, pleine d'égards
« et d'affection les uns pour les autres, montre à tous que
« vous êtes des hommes changés, et que ce n'est pas seule-
« ment pour les choses de ce monde que vous avez la li-
« berté, mais que vous êtes vraiment les hommes libres du
« Seigneur.

« Une fois débarqués sur le rivage qui vous attend, tra-

« cez-vous une ligne de conduite ferme ; et d'abord choisissez
« bien vos amis, car *l'ami de l'insensé périra, mais celui*
« *qui marche avec le sage sera sage aussi.*

« La mauvaise compagnie vous perdra ; elle vous portera
« à l'intempérance et vous conduira à la paresse. N'oubliez
« pas cet oracle divin : *Le paresseux souffrira de la faim.*
« N'oubliez pas non plus ce vieux proverbe : *Le démon*
« *trouve toujours de l'ouvrage pour les paresseux.*

« La mauvaise compagnie enfin vous conduira à la débau-
« che ; mais vous vous rappellerez ce que Dieu a encore dit :
« *Les impudiques ne seront point héritiers du royaume des*
« *cieux.*

« Que le mariage soit traité de tous avec honnêteté, et que
« le lit nuptial soit sans tache ; car Dieu punit ceux qui vio-
« lent la fidélité conjugale.

« Rappelez-vous le jour du Seigneur pour le sanctifier...
« Demandez constamment à l'Esprit-Saint de vous conduire
« dans toute vérité. Bien des yeux sont ouverts sur vous. Si
« pendant le voyage et à la colonie vous méritez l'approbation
« de ceux qui sont au-dessus de vous, vous encouragerez le
« gouvernement à accorder à d'autres la même faveur que
« vous recevez aujourd'hui. Mais si vous vous conduisez mal,
« en vous faisant du tort, en courant risque de perdre votre
« âme, vous nuirez à vos pauvres camarades de prison, que
« vous laisserez derrière vous. Pensez à eux aussi bien qu'à
« vous-mêmes, et n'oubliez jamais de les porter dans votre
« cœur devant Dieu, quand vous priez pour les prisonniers et
« les captifs.

« Adieu donc, chers frères. Vivez en paix ; que le Dieu de
« toute grâce vous bénisse, vous pardonne, vous sanctifie,

« de sorte qu'il nous soit permis de nous rencontrer sur l'heu-
« reux rivage où les peines ont cessé, et où nous nous retrou-
« verons pour ne plus nous séparer. »

D'après le témoignage de ceux qui ont assisté à ces dernières exhortations, l'effet qu'elles produisent ne peut se
rendre. Les bonnes résolutions, le courage, l'espérance se
peignent sur toutes les figures, en même temps qu'un atten-
drissement général s'empare de tous ces hommes qui témoi-
gnent, par des signes non équivoques de reconnaissance,
qu'ils sont réellement régénérés et qu'on peut compter
sur eux.

Immédiatement après, on forme les rangs et on se met
en marche; on descend la côte, et, sous une faible escorte, les
condamnés arrivent au lieu où se trouve le bâtiment qui doit
les recevoir. L'embarquement s'effectue dans le plus grand
ordre; mais, comme les arrangements nécessaires prennent
un certain temps, le vaisseau passe la nuit en rade. Le lendemain, au point du jour, le chapelain revient auprès de ceux
qu'il appelle *ses frères;* il s'assure si toutes les mesures sont
prises pour que le long voyage qu'ils vont entreprendre soit
sans inconvénient pour eux. Cette dernière marque d'intérêt
remplit d'émotion les cœurs de ces malheureux; ils ne savent
comment en exprimer leur gratitude, ni comment témoigner leur respect à ce digne représentant de Dieu
sur la terre. On se sépare après des adieux touchants,
et le bâtiment met à la voile.

La déportation, employée comme moyen de répression,
n'est pas une peine moderne : il en fut fait usage dans l'an-
tiquité sous des noms divers. Quelques républiques de la
Grèce, Athènes, Argos, Syracuse, lui donnèrent le caractère

d'une mesure politique, sous le nom d'*ostracisme*. Dans cette dernière république, elle fut appliquée sans prudence ; les principaux citoyens se bannissaient mutuellement, et elle y fut une cause perpétuelle de troubles. A Athènes, où elle ne pouvait être prononcée que tous les cinq ans, contre un seul citoyen, et avec le concours d'un grand nombre de suffrages, il était difficile, ainsi que le remarque Montesquieu, qu'on exilât quelque citoyen dont l'absence ne fût pas nécessaire : aussi ce grand publiciste trouve-t-il l'institution admirable (1).

Il n'était pas permis, à Rome, de priver un citoyen de ses droits de cité sans son consentement ; mais Cicéron nous apprend (2) qu'on parvenait à lui infliger cette privation par un moyen détourné : on lui interdisait l'eau et le feu. Personne dès lors ne pouvait l'assister ; il était obligé de s'expatrier, mais il était libre de choisir, hors des limites de l'empire, le lieu de son exil.

Auguste introduisit réellement la déportation, qui différait de l'interdiction de l'eau et du feu en ce qu'elle imposait une résidence forcée au condamné.

Dans l'ancienne France, la déportation était remplacée par le bannissement à perpétuité ou à temps, soit hors du royaume, soit seulement hors du ressort du parlement : celle prononcée hors du royaume entraînait la mort civile et la confiscation des biens.

La législation anglaise, dans l'origine, n'admettait pas la

---

(1) Liv. xxix, ch. 7.
(2) Orat. pro Domo, nᵒˢ 29 et 30.

déportation ; tout Anglais jouissant du droit de liberté perpétuelle avait la faculté de rester dans son pays tant qu'il lui plaisait. Le roi pouvait, en vertu de sa prérogative, défendre à ses sujets de passer en pays étranger ; mais aucun pouvoir sur la terre, dit Blackstone, n'avait, à l'exception de l'autorité du parlement, le droit d'envoyer un sujet anglais hors du royaume contre sa volonté, pas même un criminel. Car, ajoute-t-il, l'exil et la transportation sont des peines inconnues dans la loi commune ; et quand la transportation est appliquée aujourd'hui, c'est ou par le choix du criminel lui-même, pour échapper à la peine capitale, ou d'après les dispositions expresses de quelque acte moderne du parlement. Aucun habitant de l'Angleterre, du pays de Galles ou de Berwick ne pouvait même être envoyé prisonnier en Écosse, en Irlande, à Jersey, à Guernesey : de tels emprisonnements étaient contraires à la loi. Et la loi était à cet égard si favorable aux citoyens, que le roi, à qui il est donné d'exiger dans l'intérieur du royaume le service et l'assistance de tous ses sujets, ne pouvait cependant en envoyer aucun hors du royaume, même pour un service public, à l'exception des matelots et des soldats ; il ne pouvait même faire un Anglais lord député ou lieutenant d'Irlande, ou l'envoyer en ambassade à l'étranger, contre sa volonté.

Ce fut (toujours d'après Blackstone) un statut de la reine Élisabeth qui établit, pour la première fois, l'exil comme punition, en ordonnant que les fripons reconnus dangereux seraient bannis du royaume ; et ce fut dans un autre statut de la même reine, qui donnait le pouvoir aux juges de prononcer, à leur discrétion, ou la peine du dernier supplice, ou le transport en Amérique pour la vie, contre les brigands du Cumberland et du Northumberland, que le mot de *transportation* a été employé pour la première fois. Cependant aucune loi n'en réglait encore le mode; et il paraît que ce ne fut que sous Jacques Ier que la mesure de la déportation fut réellement exécutée. Mais le roi offrait souvent le pardon aux personnes condamnées à mort, sous la condition de la déportation à vie. Quand aucun terme n'était spécifié à la durée de cette condamnation, le criminel n'était déporté que pour quatorze ans.

Les dissensions politiques du règne de Charles Ier contribuèrent, comme on le sait, à la colonisation de l'Amérique du Nord.

Enfin, en 1718, un bill du parlement soumit à la *transportation* tous les condamnés à une détention de trois ans et plus; et ce fut, je l'ai dit plus haut, sur la province du Maryland qu'ils furent principalement dirigés. Chaque année, cette province en recevait trois ou quatre cents. Les capitaines des navires qui les avaient transportés, et qui avaient fait les frais du voyage, les louaient, pour s'indemniser, à des planteurs qui les employaient sur leurs habitations. Les convicts pouvant payer leur passage se trouvaient libres en mettant le pied sur le sol américain. Les capitaines étaient seulement tenus, à leur retour dans la métropole, de justifier, par des pièces authentiques, qu'ils avaient disposé des condamnés conformément à la loi.

Mais, à mesure que les colonies de l'Amérique septentrionale prenaient du développement, elles se trouvaient blessées dans leur orgueil d'être l'égout des vices de l'Angleterre; et ce grief ne fut pas le moindre de ceux qu'elles firent valoir contre la mère patrie.

La déportation en Amérique existait depuis cinquante-six ans, lorsqu'en 1775 l'insurrection des colonies força le gouvernement anglais de suspendre l'envoi des condamnés. L'ancien mode d'emprisonnement suivi avant leur transport fut remis en vigueur, c'est-à-dire que les criminels furent provisoirement placés sur des pontons, où ils subirent leur peine.

L'émancipation des colonies américaines étant devenue un fait accompli, le gouvernement chercha un lieu où il pût de nouveau écouler ses malfaiteurs et former un établissement pénal; et ici, Messieurs, au risque de me répéter, vous me pardonnerez de revenir avec quelques détails sur les premiers temps de cet établissement.

La Nouvelle-Hollande, récemment découverte, ayant fixé l'attention publique, on crut qu'il y aurait avantage à faire de cette terre le centre de relations nouvelles avec l'Amérique, la Chine et les Indes.

Le capitaine de vaisseau Arthur Phillip fut nommé capitaine général et gouverneur de la Nouvelle-Galles du Sud et des îles adjacentes de l'océan Pacifique; onze bâtiments, portant 757 condamnés, dont 565 hommes et 192 femmes, avec une force militaire de 160 soldats de marine, furent confiés à son commandement. Partis d'Angleterre le 13 mai 1787, ils arrivèrent à Botany-Bay le 18 janvier 1788, après un voyage de plus de cinq mille lieues, et huit mois de navigation.

Plusieurs jours ayant été employés à l'exploration des lieux, on se décida à établir le siége de la nouvelle colonie au Port-Jackson; et l'on donna au lieu où devait être fondée la capitale de l'empire naissant le nom de Sydney, celui du ministre auquel revenait l'honneur d'avoir eu la pensée de l'expédition, et qui en avait dirigé les préparatifs.

A trois cents lieues de Botany-Bay se trouve l'île de Norfolk, de cinq lieues sur trois d'étendue; les instructions prescrivaient d'en faire promptement une succursale de la colonie. Le lieutenant King y fut envoyé avec le titre de surintendant et de commandant de l'île; 9 condamnés et 6 femmes, la plupart de bonne volonté, y furent conduits par lui. Un aide-chirurgien, un sous-officier, deux soldats et deux hommes habitués à la culture du lin, qu'on se proposait d'y acclimater, accompagnèrent l'expédition, qui prit possession de l'île vers le milieu de février suivant.

En 1804, l'île de Van-Diémen, séparée de la Nouvelle-Hollande par le détroit de Bass, à peine large de quarante lieues, fut occupée par le lieutenant Bowen, qui y conduisit 50 soldats et 300 convicts. Cette île, d'une grande fertilité, devait bientôt rivaliser avec la colonie mère.

Cependant des plaintes sérieuses s'élevèrent, en Angleterre, contre le système de déportation; les personnes qui revenaient de la colonie en faisaient le plus triste tableau, et prédisaient les résultats les plus fâcheux, si on n'y conduisait une population libre qui imposât ses mœurs régulières et son goût pour le travail aux déportés des deux sexes.

Le gouvernement se préoccupa de cette situation, et plusieurs fois, notamment en 1808, il envoya des émigrants à la Nouvelle-Galles du Sud; mais ceux-ci, recrutés d'abord dans la basse classe du peuple des villes, étaient loin d'offrir les bons exemples qui auraient pu améliorer l'état moral de la colonie.

Ce ne fut qu'avec le temps que le nombre des émigrations

augmentant, et que, par suite des discordes civiles et religieuses de la mère patrie, une classe de condamnés moins corrompus étant conduits dans la colonie, un ordre plus régulier s'établit.

Cependant l'esprit d'insubordination était tel, que, dans le cours de cette même année 1808, une révolte eut lieu contre le gouverneur, qui fut arrêté, embarqué de force, et renvoyé en Angleterre.

Dès 1810, des voix éloquentes s'élevèrent, dans le parlement, contre les déplorables résultats de la transportation. Citer les noms de Samuel Romilly, d'Abercromby, de Wilberforce, c'est dire combien, à cette époque, les désordres avaient pris de gravité. En 1833 et 1834, le célèbre docteur Whateley, archevêque de Dublin, que l'Académie s'honore de compter au nombre de ses correspondants, fit, dans deux lettres adressées au comte Grey, la critique la plus concluante, au point de vue moral et économique, d'un genre de punition qui multipliait les crimes, bien loin de les prévenir. Ces lettres eurent le plus grand retentissement.

En 1847, le comte Grey, alors secrétaire d'État, faisait, au parlement, la récapitulation historique des divers systèmes suivis dans la colonie à l'égard des condamnés.

Dans le principe, ceux envoyés à la Nouvelle-Galles et à Van-Diémen n'étaient pas entretenus aux frais du gouvernement; ils étaient placés chez des particuliers qui profitaient de leur travail, et auprès desquels ils se trouvaient dans un état qui ressemblait à l'esclavage; il ne leur était point accordé de gages, ils recevaient seulement la nourriture et l'habillement; et s'ils refusaient de travailler, ou s'ils n'exécutaient pas les ordres que le maître leur donnait, ils étaient, sur le témoignage de celui-ci, soumis à la fustigation, d'après l'ordre du magistrat.

C'est ce qu'on appelait le système des *assignations*. Mais, en 1837, ce système soumis à l'appréciation d'un comité dont sir Robert Peel, lord John Russell, et autres personnes de distinction, faisaient partie; ce système, dis-je, fut reconnu vicieux, et tous furent unanimement d'avis de l'abolir, comme entaché d'inégalité et d'injustice. En effet, il dépendait du caractère du maître de rendre la peine ou légère ou très-dure. S'il était bon et disposé à l'indulgence; si, surtout, le condamné était habile ouvrier, la condition de ce dernier était avantageuse : il recevait une forte ration de viande et de pain, du sucre, du thé, de bons vêtements, lorsqu'il eût été heureux de gagner, en Angleterre, 7 à 8 schellings par semaine, avec lesquels il ne se fût procuré qu'une nourriture exiguë. La transportation n'était donc pas pour lui une punition. Si, au contraire, l'assigné avait pour maître un homme cruel et tyrannique, il était exposé à des vexations continuelles, maltraité, mal nourri, et entraîné, à la fin, à la résistance et à la révolte. Conduit devant le magistrat sur la simple accusation du maître, toute mal fondée qu'elle pouvait être, il était soumis à des peines corporelles du genre le plus cruel.

Il n'y avait donc ni égalité ni justice dans ces divers traitements; et le comte Grey faisait judicieusement remarquer que les souffrances endurées par les condamnés étaient complétement inutiles, comme exemple, pour les malfaiteurs de la mère patrie, où elles étaient ignorées; tandis que les condamnés qui se trouvaient bien partagés écrivaient à leurs parents et à leurs amis (le comte Grey affirmait avoir vu plusieurs de ces lettres) qu'il était heureux qu'ils eussent été condamnés, qu'ils n'avaient jamais été aussi bien, et ils les engageaient à venir les rejoindre.

Par ces motifs, le comité fut d'avis d'abolir le système d'*assignation*; et cette délibération ayant été portée aux Chambres, des mesures furent prises pour mettre fin à ce système.

En même temps, il fut proposé que tous les condamnés, sans exception, seraient maintenus sous la main du gouvernement; mais on sentit que, si on continuait à en transporter un aussi grand nombre que par le passé, il serait difficile au gouvernement colonial de les administrer convenablement. Il fut donc arrêté que, désormais, on bornerait la transportation à un nombre très-restreint de convicts, lesquels seraient envoyés seulement à Van-Diémen et à l'île de Norfolk. En conformité de ces vues, des ordres furent donnés, au commencement de 1840, pour défendre la transportation à la Nouvelle-Galles. Mais une opposition se forma dans la Chambre des communes; un changement de gouvernement eut lieu peu de temps après, et, à la suite de longues discussions, il fut décidé, au commencement de 1843, que tous les condamnés continueraient à être transportés, et qu'on excepterait seulement ceux qui seraient enfermés à Penton-ville, à Parkhurst et à Milbank, ainsi que ceux dont la santé ou l'âge s'opposerait à cette mesure. Tout le reste des condamnés devait être envoyé à Bermuda, à Van-Diémen et à Norfolk.

Au système d'*assignation* on substitua celui de *probation*, d'après lequel le transporté subissait, dans la colonie, un temps d'épreuve, renfermé dans des stations pénales, occupé à des travaux pour le compte du gouvernement. Ce temps fini, il recevait un *laissez-passer* avec lequel il pouvait entrer au service d'un colon, au moyen d'un salaire, et en vertu d'un traité fait sous l'autorité du gouverneur de la colonie.

Voici le jugement porté sur ce nouveau système par le lieutenant gouverneur de Van-Diémen, Latrobe, dans un rapport adressé au comte Grey le 31 mai 1847. Les détails dans lesquels il entre, et auxquels nous croyons devoir laisser tous leurs développements, peuvent servir à faire apprécier les difficultés attachées à l'établissement des colonies pénales, même à celles qui prospèrent le mieux.

Après avoir fait ressortir les avantages du système des *assignations*, il énumère ses inconvénients de la même manière que le fit le comte Grey dans le discours que nous avons rapporté plus haut.

A ce système succéda donc, dit-il, celui de *probation*, introduit en 1842; celui-ci eut pour objet de changer en châtiment certain un châtiment incertain, en plaçant les convicts à leur arrivée dans la colonie, et pendant un certain nombre d'années, sous le contrôle immédiat du gouvernement; les jugements devant servir de base pour déterminer la durée de la *probation*.

Au lieu de placer immédiatement les condamnés chez les colons, on les réunissait d'abord dans des *stations* pénales, où leur agglomération par masses permettait de leur donner une instruction morale et religieuse, ce qu'on était dans l'impossibilité de faire lorsque, avec le système des *assignations*, ils étaient dispersés chez les colons. Pendant qu'ils étaient retenus dans ces *stations*, ils étaient employés

à des travaux pour le compte du gouvernement de la co-
lonié.

Lorsque le terme de la *probation* était arrivé, ils faisaient
un premier pas dans la voie de la liberté; ils obtenaient un
laissez-passer au moyen duquel ils trouvaient à se louer chez
des colons; un salaire leur était garanti pour prix de leur
travail; mais l'engagement qui se faisait par les soins et sous
l'autorité du gouvernement, ainsi que nous l'avons dit, était
limité: sa durée ne pouvait excéder un an.

Non-seulement ce système avait quelques-uns des inconvénients du précédent, mais il en présentait de nouveaux. Le
premier du moins, au moment du débarquement, comprenait
dans son action tout prisonnier qui se trouvait doué d'assez
de force d'âme pour travailler à sa régénération morale, ou
assez de souplesse de caractère pour se laisser docilement
conduire dans le cercle social; au lieu que, par le second, le
convict demeurait, encore longtemps après son arrivée, sous
toute la rigueur de son jugement.

Si le système d'*assignation* n'a pas atteint le but proposé,
on peut penser qu'il a failli moins par un vice dans ses
principes que par la négligence et l'inaptitude apportées
dans l'exécution des détails; tandis que le système de *probation*, exécuté dans une pleine conviction de son importance et de la grandeur des intérêts en jeu, au moyen d'une
organisation perfectionnée, et tenant compte de tout ce qui
peut faciliter le travail des agents et empêcher les abus; le
système de probation, disons-nous, avec tous ses avantages,
échoue, et laisse après lui une bien plus faible portion de
bien général et un beaucoup plus grand poids de maux po-
sitifs que ne l'a fait le système précédent.

M. Latrobe est disposé à croire qu'au moyen d'un frein judicieux mis au traitement du prisonnier, et d'un salaire déterminé, le système d'assignation se serait trouvé être le meilleur qu'on pût imaginer, et il pense que, bon ou mauvais en principe, le système de *probation* n'avait et ne pouvait avoir aucune chance de succès dans la colonie.

Il exigeait, en effet, une chose impossible à l'époque où il fut introduit, c'est-à-dire que la colonie et ses habitants fussent dans des circonstances et dans des dispositions propres à seconder sa marche.

Il demandait une appropriation immédiate dans les localités pour faire fonctionner la simple partie matérielle; il demandait ensuite, dans les détails d'exécution, une perfection et une harmonie qui ne pouvaient s'obtenir que par des préparations faites de longue main, et que la prévoyance et l'expérience pouvaient seules donner; il demandait enfin l'action prompte et parfaite d'un corps nombreux d'employés officiels, doués de qualités distinctes et variées, pénétrés de la tâche qui leur était confiée, et rivalisant de zèle pour atteindre le grand objet qu'on avait en vue.

Une des causes de la ruine du système a donc été l'envoi dans la colonie d'un trop grand nombre de convicts à la fois, lorsque le terrain n'était pas préparé pour les recevoir. La nature, l'étendue des appropriations aux *stations* de convicts, n'étaient ni convenables ni suffisantes, et les employés étaient tout aussi peu propres à remplir les devoirs qu'on leur imposait; enfin, il était impossible d'admettre des classifications parmi les condamnés.

Quant aux *stations*, celles qui existaient dans le pays avaient été pour la plupart érigées ou maintenues préalablement, dans le but de faciliter l'administration à poursuivre, temporairement au moins, les travaux à l'usage du gouvernement ou de la colonie; le nombre en était nécessairement limité. Nulle part, les dispositions intérieures ne pouvaient être celles qu'exigeait le nouveau système; à peine si elles étaient suffisantes pour les objets qu'on avait eus en vue en les établissant. De nouvelles appropriations étaient donc nécessaires; il fallait aussi faire un choix plus judicieux des localités, selon la nature de la *station*. Enfin, pour une *station* de *probation*, il ne fallait pas négliger l'avantage d'une position isolée, afin d'assurer aux convicts une occupation continue et productive autant que possible. Or, peu de stations pouvaient offrir ces avantages.

Les mêmes exigences étaient réclamées par les *stations de punition*, dans lesquelles il fallait de plus un nombre considérable de cellules. Les embarras furent encore accrus par la nécessité qui surgit bientôt de former des *stations* à part pour renfermer les hommes qui, ayant fini leur temps de probation, obtenaient leur *laissez-passer*, devenaient ainsi disponibles, pouvaient être immédiatement dispersés dans la colonie, et où ils avaient la faculté de revenir lorsqu'on les renvoyait de chez les colons où ils avaient trouvé de l'ouvrage.

Ces sortes de *stations*, à la différence des précédentes, devaient être établies dans les villes ou dans leur voisinage, sur les lignes de communication et dans les districts les plus peuplés; les appropriations intérieures étaient d'une nature moins coercitive; enfin, il fallait pourvoir à une occupation constante dans les *stations de dépôts* comme dans celles de *probation*.

Il est dès lors facile de comprendre que très-peu de *stations* existantes se trouvaient dans les conditions voulues pour être attribuées à l'une ou à l'autre des destinations désirables.

Il fallut donc avoir recours à des expédients tout à fait incompatibles avec la stricte séparation des diverses classes de condamnés; il fallut faire des changements continuels. Ce qui un jour était *station de probation* devenait le lendemain *station de punition* ou *station de dépôt* pour les disponibles; de sorte que les dépenses occasionnées par un tel désordre étaient devenues excessives.

Une première condition de succès aurait d'ailleurs été, toujours selon M. Latrobe, d'établir parmi les transportés une classification bien conçue; mais elle fut impossible. Dans la majorité des *stations*, le condamné nouvellement arrivé, qui se trouvait ainsi dans le premier degré de *probation*, était mis avec celui qui, plus anciennement transporté, se trouvait en cours d'épreuve, et avait une parfaite connaissance de toutes les habitudes vicieuses, de toutes les infractions aux règlements qui peuvent se pratiquer dans une prison; ou avec le détenteur de *laissez-passer*, bien au courant de la physionomie du monde au dehors; ou avec le récidiviste endurci parvenu à un certain degré de sa peine. Tous ces hommes se trouvaient en contact, et dans des circonstances telles, qu'avec les meilleures intentions en théorie, la séparation pratique était absolument impossible.

A ces difficultés se joignaient celles du personnel des employés à tous les degrés. Venus de la métropole, ils rapportaient des idées fausses sur ce qu'ils avaient à faire. La plupart étaient d'une ignorance extrême; la plupart aussi n'avaient accepté de tels postes que comme pis-aller, et parce qu'ils étaient privés de tous moyens d'existence ; très-peu apportaient à l'œuvre la mesure de discrétion, de tact et d'énergie nécessaire ; un plus petit nombre encore parvenait à surmonter le dégoût d'une tâche aussi rebutante, et à la poursuivre avec courage et persévérance.

M. Latrobe fait les mêmes observations à l'égard des hommes spéciaux qui sont sous les ordres de l'officier-médecin ; il les fait aussi relativement à une autre classe de fonctionnaires, sans contredit les plus importants, les instructeurs religieux et les catéchistes ; il se plaint de ce qu'ils ne soient pas de la trempe exigée pour voir se réaliser une espérance raisonnable de succès. C'est d'autant plus regrettable, selon lui, que les prisonniers savent apprécier mieux qu'on ne le supposerait l'élévation du caractère et la supériorité du mérite, lors surtout que ces qualités se trouvent alliées dans l'homme au profond sentiment de ses devoirs. Personne mieux qu'eux n'est prompt, en effet, à découvrir les imperfections ou les contradictions entre les principes et la conduite : le ridicule une fois donné, sur quelque léger fondement qu'il repose, est un obstacle à tout le bien que l'employé ou l'instituteur religieux s'efforce de produire.

Enfin, M. Latrobe signale, comme une des causes qui s'opposent aux progrès de l'établissement pénal, les rivalités qui existent, si loin de la mère patrie, entre les divers chefs de service de la colonie ; rivalités qui entravent tout, et ne permettent pas de réaliser avec suite et ensemble les plans de réformes qui viennent de la métropole.

Sa conclusion est celle-ci : Que le nouveau système, celui de *probation*, s'appuyant sur des principes vrais ou faux, une colonie si éloignée n'est pas un théâtre convenable pour l'y mettre en pratique; que les avantages supposés de l'essai qu'on a fait sont tout au plus *secondaires,* ou plutôt, d'après les fluctuations dans la position des colons, ils sont fatalement *incertains,* et que plus d'un avantage qui pouvait paraître un bien pour le condamné se trouve en réalité contraire à son progrès moral et à son amélioration. «Je n'ai pas, ajoute-t-il, à dissimuler la conviction où je suis qu'un système qui tend à accumuler le vice sans une puissance correspondante sûre pour le combattre et le réformer doit être appelé un système mauvais; que celui nommé système de *probation* a été une expérience fatale, et que le plus tôt qu'on le fera cesser sera le mieux pour l'honneur de la nation et de l'humanité. » Enfin, comme s'il prévoyait le système qu'on a plus tard adopté, il lui semblait que la plus forte partie de la peine devait être subie dans le pays même où le crime a été commis, laissant toujours au pouvoir de la mère patrie la faculté d'ordonner l'expatriation pratiquée jusqu'ici, soit pour soumettre le condamné à une nouvelle et raisonnable *probation*, s'il est nécessaire, soit pour donner à cette mesure d'expatriation le caractère de l'exil, ce qui serait à la fois juste, de la part du pays où la loi a été outragée, et politique sous d'autres rapports. Et cependant, tout en désirant qu'on mît fin à la transportation telle qu'on la pratiquait au moment où il écrivait, et qu'il n'existât plus à Van-Diémen rien qui ressemblât aux escouades de convicts du gouvernement en régime pénal, M. Latrobe ne se dissimulait pas qu'il était difficile de concevoir comment cette colonie, dans les conditions où elle s'était trouvée, et où elle se trouverait encore, pourrait progresser, développer ses ressources, conserver son rang parmi les colonies voisines, sans qu'on lui assurât, pour le moment du moins, une abondante alimentation de travail à bon marché, auquel on doit, sans aucun doute, la prospérité matérielle qu'elle a obtenue.

Mais si la colonie doit demander que la main-d'œuvre soit mise à sa disposition, elle doit désirer aussi que ce soit sous une forme qui ne donne plus lieu aux objections fondées qui sont faites au système actuel ; car on peut avoir la certitude que l'amendement, l'avenir du condamné, dans la majorité des cas, dépend du genre de position qu'il prend à son débarquement ; et que plus ses services peuvent être utiles à la colonie et aux colons, soit dans une période modifiée de *probation* en qualité de pionnier employé à faire fructifier les ressources de la colonie, soit comme domestique chez les colons libres, plus il y a lieu d'espérer qu'il sera maintenu dans la sphère de la moralité et de la sobriété.

Ce rapport du lieutenant gouverneur de Van-Diémen devait faire impression sur le gouvernement.

Cependant, un rapport plus récent de sir Denison, qui avait succédé à M. Latrobe dans le gouvernement de la colonie, était de nature à causer une certaine hésitation sur le parti à prendre relativement à la transportation.

Ce document, qui est à la date du 15 novembre 1848, a pour objet d'exposer le tableau des avantages que la colonie a retirés de la présence des condamnés, et tout à la fois de faire connaître le préjudice que les colons souffrent actuellement par la même cause, de manière à offrir au gouvernement une donnée suffisante qui lui permette de résoudre, par une déclaration positive, cette question si longtemps agitée.

Et d'abord, quant aux avantages que la colonie a retirés et retire encore de la présence des condamnés, si on compare, dit sir W. Denison, l'aspect de cette colonie, dont l'existence remonte à plus de quarante-cinq ans, à celui de colonies beaucoup plus anciennes formées dans diverses circonstances, on est frappé de l'apparence de prospérité qui se manifeste de toutes parts. Les maisons dans les villes sont bâties en pierres et en briques, les rues sont bien entretenues, les routes sont d'une beauté remarquable, les quais et les édifices publics ont exigé des travaux considérables, les auberges, les maisons d'amusement sont grandes et commodes, et il y a dans tout le pays un grand air d'aisance et d'abondance. Si l'on s'informe de la condition des personnes qui ont employé à ces constructions tant de capitaux improductifs, on trouve que, hors très-peu de cas, ces personnes n'avaient rien; le tout a été le produit du travail à bon marché des condamnés. Sans ce travail, fourni si librement et avec tant de prodigalité, la terre de Van-Diémen serait aujourd'hui dans un état de pauvreté à peu près semblable à celui de l'Australie occidentale, tandis qu'elle offre des indices d'une progression de richesse et de prospérité prouvée par un commerce d'exportation qui s'élève à 1,200,000 livres sterling par an, et qui s'accroît chaque jour.

Tel a été le résultat du système de la transportation à Van-Diémen pendant les années passées; résultat obtenu au profit de la population libre par le travail des condamnés. Voici maintenant quelle est la situation présente de la colonie.

Il y a à la terre de Van-Diémen un total de vingt-quatre mille condamnés, dont sept mille environ sont entre les mains du gouvernement, et employés directement par lui, les dix-sept mille restant forment à peu près les trois quarts de la classe ouvrière, dont le nombre, d'après un dernier recensement, paraît s'élever à vingt-quatre mille. Ainsi, il y aurait dans la colonie trente et un mille ouvriers, dont sept mille condamnés à la disposition du gouvernement, dix-sept mille autres condamnés également, et louant leur travail, et seulement sept mille ouvriers libres.

On voit par là combien la présence des condamnés, qui alimentent le marché de travail à un taux modéré, abaisse dans la terre de Van-Diémen le prix de main-d'œuvre au préjudice des ouvriers libres, et comparativement à celui de la Nouvelle-Galles du Sud et de l'Australie méridionale. Dans ces dernières colonies, les gages varient de 18 à 24 livres sterling par an, tandis qu'ils ne sont que de 9 à 12 livres à Van-Diémen; et la même proportion existe dans le salaire des artisans. On épargne donc dans cette colonie environ 9 livres sterling par an sur la main-d'œuvre de chacun des individus de la classe ouvrière; et comme nous venons de dire qu'elle se compose de vingt-quatre mille individus, sans compter les condamnés employés par le gouvernement, on peut évaluer à 216,000 livres sterling, ou près de 3,000,000 de francs, l'économie que les entrepreneurs font annuellement sur les travaux.

Quels que soient les maux qui ont accompagné de tels avantages, maux que sir W. Denison croit qu'on peut éviter en fondant d'autres colonies, ce lieutenant gouverneur conclut qu'une colonie qui, en commençant, aurait profité du *travail des condamnés* employés par le gouvernement, et subséquemment du *travail à bon marché* offert à la population libre par ces mêmes condamnés, alors qu'il n'y a ni assez de capitaux ni assez de prospérité pour exciter à l'émigration sur une échelle assez étendue ; cette colonie ne pourrait manquer de parvenir à un état tel, qu'elle s'opposerait plus tard à une plus longue admission de condamnés sous un titre quelconque, ainsi que cela a eu lieu dans la Nouvelle-Galles du Sud, et jusqu'à un certain point dans la terre de Van-Diémen.

Cependant, Messieurs, le comte Grey, redevenu secrétaire d'État, était très-opposé au système de *probation* dans les colonies ; il pensait qu'il était impossible qu'un aussi grand nombre de condamnés y fût envoyé sans que la pratique ne fît reconnaître qu'il était par là impossible d'établir un système de punition approprié à la nature des méfaits. A une telle distance, il ne pensait pas qu'il y eût de contrôle possible ; la plus grande difficulté devait être de trouver des agents sur lesquels on pût compter, et d'instituer un système de travail satisfaisant. Aussi, quand on est venu à appliquer la transportation, non plus à quelques centaines de condamnés, mais à un millier ; quand un nombre immense de condamnés ont dû être conduits aux antipodes, il a été impossible, disait ce ministre, d'atteindre un autre résultat que celui qui a eu lieu.

Quant à l'obstacle tiré du personnel de l'administration et des agents, non-seulement il se multiplie au centuple quand il est exécuté dans l'éloignement par une autorité déléguée ; mais dans une colonie toute pénale comme Norfolk, il est difficile de trouver des hommes libres de quelque valeur, de quelque moralité, qui consentent à y accepter de l'emploi, à y vivre, à y être privés de toute communication avec le monde civilisé, sans autre compagnie que celle des malfaiteurs. Si l'on trouve de ces hommes, il est impossible qu'ils

soient, pendant une longue suite d'années, condamnés à une
entière séparation de la société sans que leur moralité souffre
de l'atmosphère de crimes dans laquelle ils sont placés, et
sans devenir plus ou moins dépravés à leur tour.

Si les criminels sont plus faciles à conduire dans la mère
patrie qu'aux colonies, c'est que là le gouverneur et les officiers, quoique obligés d'être en contact avec eux, ne sont
pas privés de l'avantage de fréquenter des personnes honnêtes, et qu'ils sont d'ailleurs soumis au contrôle immédiat
du gouvernement.

C'est cette considération qui avait conduit le comte Grey
et le gouvernement anglais à conclure que, comme par l'abolition du système d'*assignation* la vraie partie pénale de la
transportation n'était autre chose que l'emprisonnement et
le travail forcé, on pouvait les infliger aux criminels avec
bien plus d'efficacité dans la mère patrie qu'à une grande
distance.

C'est ainsi qu'on a été amené à prescrire que tout condamné à la transportation subirait l'emprisonnement séparé
pendant un temps plus ou moins long, selon la nature de son
crime, soit à Pentonville ou dans d'autres prisons cellulaires,
s'il est adulte, soit à Parkhurst s'il est enfant, et qu'il subirait
ensuite une seconde période de punition, consistant dans son
application à des travaux publics dans la mère patrie.

La transportation vient après. Dans ce système, elle est
moins admise comme punition, peut-être, que comme un
avantage offert au condamné, afin qu'à l'expiration de sa
peine il puisse, au moyen de son industrie et de sa bonne
conduite, se faire dans l'une des colonies une situation
meilleure que celle qu'il aurait pu obtenir dans son pays,

où sa qualité de libéré l'aurait fait repousser de toutes parts.

On avait eu la pensée, lorsque les condamnés à la transportation auraient été suffisamment amendés, soit par leur séjour dans la cellule, soit par un certain temps passé aux travaux publics, de se borner, comme une ancienne loi d'Écosse tombée en désuétude le permettait, à les bannir du Royaume-Uni, et à leur laisser la liberté de se rendre partout où ils le trouveraient bon; mais, sur les spirituelles observations d'un personnage illustre que nous nous honorons de compter parmi les associés de cette Académie, lord Brougham, ce système fut rejeté.

Il en fit ressortir tout ce que le bannissement, dans de pareils cas, aurait d'impraticable et de contraire au droit des gens. Nous reproduirons ses arguments, qui, sous la forme de l'une de ces saillies d'esprit si profondément sensées et si familières au noble lord, présentent la condamnation la plus complète de ce genre de mesure appliqué à des criminels.

Il répond d'abord à cette affirmation que, la peine étant subie en Angleterre, le bannissement n'est pas une peine : « Bien, disait-il! Mais est-il loisible au condamné libéré de partir ou de rester à son gré? S'il est obligé de partir, l'obligation est tout aussi bien une partie de la peine qu'une partie du jugement. On doit donc le forcer à partir. Mais il peut dire : Comme ce n'est pas une partie de la peine, je veux rester. Oh! lui répondez-vous, bien que ce ne soit pas une partie de la peine, il faut toujours quitter le pays. Alors, objectera-t-il, si vous me contraignez à partir, ce sera donc une partie de la peine. Faites attention, répliquerez-vous, que ce n'est pas une punition, mais un simple déplacement.

« Après tout, continuait lord Brougham, où iront ces condamnés libérés? S'ils peuvent aller où ils veulent, ils peuvent
aller en France, c'est le pays le plus rapproché; il est vrai
qu'ils pourront revenir, et vous aurez peine à les retenir par
force. Comment ferez-vous d'ailleurs pour les introduire chez
nos voisins? Supposons une cargaison de condamnés arrivant
à Calais. Les douaniers viennent à bord. Qu'avez-vous là?
— Ce sont des convicts. — Des convicts! Quelle marchan-
dise est-ce là? Alors le capitaine, recueillant tout ce qu'il
sait de français, expliquera que ce sont tout bonnement des
voleurs, des filous, des faussaires, qui, par l'infraction de
toutes sortes de lois chez eux, étaient passibles d'une espèce
de *droit d'importation au dehors*. Vous aurez beau dire aux
Français : Ces hommes, il est vrai, ont été des malfaiteurs,
mais très-certainement aussi ils ont cessé de l'être; les Français vous répondront : Qu'en savez-vous? A notre avis, ils sont
toujours aussi mauvais.—Non, non, direz-vous; ils viennent
avec un excellent certificat du chapelain de Pentonville, qui
garantit leur régénération; vous pouvez les prendre en toute
sûreté : ce sont de braves gens. — Mais, dira le maire de Calais, si ce sont de si braves gens, pourquoi ne les gardez-
vous pas?—Nous avons une masse de braves gens de la
même espèce; nous en avons dans toutes les qualités de crimes, dans tous les degrés de régénération.—Gardez vos
braves gens de votre côté de la Manche, nous garderons les
nôtres de ce côté. Dans tous les cas, ajoutait lord Brougham,
s'ils étaient admis en France, ce serait à charge de récipro-
cité, et un tel procédé serait peu de nature à augmenter les
bienfaits et les avantages de l'entente cordiale. »

Cette piquante discussion fit rejeter l'idée du simple bannissement, et la transportation dans les colonies prévalut ; mais on la restreignit toujours à Norfolk et à Van-Diémen, la première de ces colonies demeurant affectée aux criminels condamnés à vie et à ceux qui se montraient incorrigibles.

Nous avons vu ce qu'était l'établissement pénal à Van-Diémen, et les jugements qui en étaient portés.

Il faut ajouter que les dépenses de cet établissement étaient excessives : les salaires de plus de 700 fonctionnaires de divers ordres, depuis le flagellateur, dont le nom indique suffisamment la mission, jusqu'au contrôleur général, employés à l'administration et à la surveillance des convicts ; l'entretien, la nourriture de ceux-ci ; l'entretien aussi d'une force armée suffisante, élevaient les dépenses à une somme telle que le comte Grey n'hésita point à dire que, si la même somme avait été employée en Angleterre, elle eût suffi à y construire un nombre de prisons suffisant pour y organiser un bon système de punition. Et cependant, ajoutait-il, pendant que ce système pesait comme un lourd fardeau sur la mère patrie, il était une cause de ruine pour la colonie : le montant des charges qu'elle avait eu à supporter l'avait mise pour ainsi dire en faillite ouverte, et le gouvernement s'était vu obligé de demander au parlement une mesure qui la dégrevât d'une partie de ces charges.

Les considérations les plus concluantes commandaient donc au gouvernement anglais de changer de système ; et quand, au sein du parlement, on objectait les nouvelles dépenses que ce changement occasionnerait, lord Brougham répondait : « Sans doute il faut de grandes sommes pour construire des prisons convenables ; mais il serait absurde d'objecter les frais quand l'abolition de la transportation, c'est-à-dire de la transportation par masses, mettra à la disposition du gouvernement un revenu annuel d'au moins 600,000 livres sterling, c'est-à-dire 15 millions de francs, outre l'économie des grandes dépenses occasionnées par les colonies pénales elles-mêmes. »

L'établissement pénal de Norfolk offrait un tableau bien moins satisfaisant encore que celui de Van-Diémen. Cet établissement avait constamment donné lieu aux plaintes les plus vives. On y envoyait, comme je l'ai dit, de la Nouvelle-Galles, les condamnés à vie et les criminels relaps, c'est-à-dire ceux dont la perversité ne laissait aucun espoir d'amendement ; les désordres y étaient si grands, qu'en 1805 on se vit obligé de le dissoudre. Plus tard, on y envoya de nouveaux convicts tirés, soit, comme précédemment, de la Nouvelle-Galles, soit directement d'Europe, soit des autres colonies anglaises ; car, d'après un document adressé à lord Stanley en 1845 par le révérend Naylor, chapelain de la colonie, on y voyait des Chinois de Hong-Kong, des indigènes de la Nouvelle-Hollande, des nègres des Indes occidentales, des Grecs, des Malais, des Cafres, confondus avec des laboureurs et des ouvriers anglais. Il y a des prisonniers qui ont été transportés et retransportés, qui après cela ont passé par tous les degrés du crime et de punition dans les hulks ou pontons, parmi les enchaînés et dans les stations pénales : « Il y a des créa- « tures que j'oserais à peine, disait le révérend chapelain, « appeler des hommes, et que je regarderais, s'il m'était per- « mis de mettre des bornes à la miséricorde divine, comme « irrévocablement réprouvés. »

On sait combien il devait être difficile de contenir et d'administrer ce rebut de toutes les nations. L'île n'a que cinq lieues de tour, et un peu plus de 900 acres de surface; elle est éloignée de 100 milles de la Nouvelle-Galles, et de 150 milles de Van-Diémen; elle est placée sous l'autorité d'un commandant qui dépend du lieutenant gouverneur et du conseil exécutif de cette dernière colonie; c'est là que toute question un peu importante doit se décider, et il se passe trois mois avant d'avoir une solution.

Les convicts, au nombre de deux mille, sont enfermés dans des stations, et couchent dans des dortoirs où se passent la nuit les scènes les plus révoltantes. Ils sont occupés par escouades à faire des routes, à construire des bâtiments, à des travaux agricoles; mais ces travaux sont languissants, la plupart sont inutiles ou improductifs.

Les vols, les meurtres, se multiplient; l'autorité y est méconnue. Il y a dans l'île des hommes violents qui la tiennent sous le joug, et qui défient le commandant lui-même. Ce qui d'ailleurs augmente l'exaspération des convicts, c'est que les productions de l'île ne pouvant suffire à leurs besoins, et tous les objets nécessaires à la vie étant tirés ou de Van-Diémen ou de la Nouvelle-Galles, ou même de la métropole, ils n'y arrivent qu'avariés, ou en insuffisante quantité. La nourriture des convicts qui se compose chaque jour d'une petite ration de viande salée, d'une demi-livre de farine de maïs, d'une once de sucre et d'une demi-once de sel, ne suffit pas à les nourrir. L'usage habituel de cette viande salée, de qualité toujours fort inférieure, engendre d'ailleurs la dyssenterie, et cause beaucoup de décès.

Au sein d'une pareille population il ne peut y avoir ni ordre ni discipline; les règlements ne sont pas observés. Il faudrait, pour triompher de ces natures intraitables, des forces imposantes et des employés qui, à tous les degrés, fussent doués d'un caractère de fer; mais ceux-ci finissent par reconnaître l'impossibilité de lutter, ils capitulent avec leurs devoirs, et favorisent les plus mauvais sujets, afin de n'avoir personnellement rien à craindre d'eux.

Ce tableau, fait par un homme qui exerçait depuis dix ans son ministère sacré dans la colonie, et qui, se laissant aller à une sainte indignation, finissait par ces mots : « Comme ecclé-« siastique et comme magistrat, je me vois forcé de dire à Votre « Seigneurie que la malédiction du Tout-Puissant doit tôt ou « tard amener la ruine d'une nation qui laisserait subsister un « état de choses aussi infernal. » Ce tableau, dis-je, dut faire impression sur le gouvernement ; aussi le comte Grey, ayant succédé à lord Stanley, donna-t-il l'ordre, le 30 septembre 1846, au nouveau lieutenant gouverneur de Van-Diémen, sir W. Denison, au moment où il quittait Londres pour aller prendre possession de son gouvernement, de dissoudre de nouveau l'établissement pénal de Norfolk et de transférer toute la population à la péninsule de Tasman.

Mais, pendant que ce nouveau lieutenant gouverneur se dirigeait vers la terre de Van-Diémen, celui qu'il allait remplacer, sir Wilmot, faisait connaître au gouvernement, par une dépêche du 6 juillet 1846, que la situation de Norfolk avait empiré, que la révolte des prisonniers y était imminente, qu'il s'était vu obligé de convoquer le conseil exécutif, et d'après son avis, de suspendre le commandant de l'île, et de le remplacer par un homme plus ferme ; que celui-ci avait reçu l'ordre de rétablir la discipline à tout prix, et de faire observer les règlements avec la dernière rigueur.

Mais une dernière dépêche du même lieutenant gouverneur, à la date du 3 septembre 1846, annonça que la révolte qu'on redoutait avait eu lieu; que plusieurs constables de service avaient perdu la vie, qu'il avait fallu faire emploi de la force militaire pour mettre fin à ces désordres et s'emparer des chefs des révoltés.

A la réception de cette nouvelle, le comte Grey se hâta d'écrire à sir Denison (le 4 février 1847) qu'il ne s'abusait point sur la situation de l'île; que la cause de tels désastres, dans une telle agglomération d'hommes, ne pouvait s'expliquer par la faute de tel ou tel officier; que le mal était plus profond; qu'on ne pouvait pas plus l'attribuer à une négligence officielle que supposer qu'on aurait pu le prévenir par une plus grande vigilance; que le système en lui-même, suivi dans un tel lieu pour la répression de tels criminels, à une distance de trois semaines de traversée du siége de l'autorité supérieure, lui paraissait déjà radicalement vicieux lorsqu'il avait donné l'ordre de dissoudre l'établissement, et que le dernier événement ne faisait qu'ajouter à sa conviction.

Cependant, Messieurs, malgré des ordres aussi péremptoires et une volonté aussi fermement exprimée, l'établissement pénal de Norfolk subsiste encore; peut-être trouvet-on l'explication de ce fait dans une dépêche adressée le 7 septembre 1846 à sir Denison, dans laquelle le comte Grey lui disait : « Par une lettre du 30 septembre dernier, je vous « ai chargé de dissoudre le plus promptement possible l'éta- « blissement de Norfolk, et de transférer à la péninsule de « Tasman toute la population de cet établissement; le but « de la présente est de remettre à votre propre discrétion « le choix du moment opportun pour l'exécution de la me- « sure. Il se peut que des difficultés pratiques, impossibles

« à prévoir à une telle distance, rende le transfert immédiat
« d'un aussi grand nombre de prisonniers à la péninsule
« de Tasman impossible, ou contraire aux intérêts mêmes
« que la mesure a pour but de protéger ; toutefois vous ne
« céderez à ces difficultés qu'autant que vous trouverez
« qu'elles sont réellement insurmontables. »

Il paraît qu'en effet elles ont été trouvées très-grandes.

Tasman est une presqu'île située dans la partie la plus
méridionale de Van-Diémen ; elle est jointe au continent par
un isthme qui n'a que 600 pieds de largeur ; là sont déjà
réunis, ou plutôt entassés, dans six établissements différents,
au delà de 300 condamnés de la même catégorie que ceux
de Norfolk, et qui, sous aucun rapport, n'y sont dans des
conditions meilleures : on aura sans doute reconnu le danger
qu'il y aurait à accroître sur un point si resserré une population indomptable, et qu'on ne peut contenir que par la
force et à grand'peine.

Les résultats obtenus à Bermuda n'étaient guère plus satisfaisants que les précédents. Nous avons déjà vu qu'un millier
de convicts, enfermés dans quatre hulks ou pontons, étaient
employés à construire, les uns une digue ou brise-lame, les
autres des fortifications dans l'île d'Irlande, qui fait partie
des Bermudes.

Le comte Grey avait demandé, le 4 mars 1846, au gouverneur de cette colonie, M. Reid, de lui faire un rapport
sur les moyens qui y étaient mis en usage pour améliorer la
condition des convicts au physique et au moral, son intention étant de pouvoir établir une comparaison entre ce système et celui qui prévalait en Australie.

Le gouverneur, se référant d'ailleurs à une précédente dépêche qui remontait au 9 mai 1844, répondit que la confusion continuait à régner dans l'établissement et que, dans le cours de sa carrière publique, il n'avait vu aucune branche du service administratif aussi dépourvue de subordination et de bon ordre que ce qui existait parmi les employés ; que l'état des condamnés ne pouvait être présenté comme un modèle, quoique le système qui consistait à ne les occuper qu'à des travaux publics fût de beaucoup préférable à celui qui était suivi en Australie ; et cependant, il regardait ce système *comme sans espérance* (je rapporte textuellement ses expressions).

Gibraltar. L'établissement pénal de Gibraltar est à peu près dans la même situation ; les condamnés y sont employés, comme aux Bermudes, à des travaux publics pour le compte du gouvernement.

Le comte Grey ayant à s'expliquer dans la séance du parlement du 6 mars 1847, sur le caractère particulier de ces deux derniers établissements, disait que la punition y était d'une nature toute différente de celle de la transportation, comme on l'entend ordinairement ; qu'un des traits particuliers du système de transportation était que, dans la grande majorité des cas, les individus condamnés, étant conduits dans une partie très-reculée du monde, y restaient et n'en revenaient plus, lors même que leur peine était expirée ; que, dans ce système, le point capital était de délivrer le pays de la présence de ces malfaiteurs ; tandis que les criminels envoyés à Bermuda et à Gibraltar n'avaient pas la permission d'y rester, qu'ils étaient ramenés en Angleterre aux frais du gouvernement, et que ces établissements ne devaient être considérés que comme une extension du système des pontons.

Depuis ce discours du noble comte, les condamnés de Bermuda et de Gibraltar sont transportés directement en Australie.

Lord Stanley avait cru pouvoir, et ce fut l'un des derniers actes de son premier ministère, ordonner, à la date du 7 mai 1846, la création d'un établissement, sous le nom d'*Australie septentrionale*, dans lequel on aurait reçu les condamnés pardonnés ; mais le comte Grey, ayant succédé à lord Stanley, ne crut pas qu'il fût possible de fonder une colonie qui courût quelques chances de succès avec de pareils éléments, et, le 15 novembre suivant, il révoqua l'ordre donné par son prédécesseur.

Tel était, Messieurs, l'état matériel et moral des colonies pénales anglaises ; c'est l'incertitude que cet état présentait qui détermina le gouvernement, d'abord en 1843, à supprimer complétement la transportation à la Nouvelle-Galles, pour se borner à Van-Diémen, à Gibraltar et à Bermuda, et, en 1847, à suspendre pendant deux ans l'envoi des condamnés à ces dernières colonies.

Ces deux ans ont été employés à élaborer et mettre en vigueur le système actuel qui, comme je l'ai dit, consiste à soumettre le condamné à l'épreuve préalable de la cellule solitaire et des travaux publics, dans la mère patrie, avant sa transportation.

Nous avons donc maintenant à rechercher quels ont été les effets moraux de la transportation d'après le précédent système, et ce qu'ils sont d'après celui qui est pratiqué actuellement.

Quant à la transportation en elle-même, son efficacité comme moyen de répression a trouvé dès l'origine et constamment d'ardents contradicteurs.

L'un des publicistes les plus distingués de l'Angleterre, à l'époque où le peuple anglais avait le plus d'engouement pour cette nature de peine, avertissait son pays de se tenir en garde contre une opinion qui ne reposait que sur le désir irréfléchi de débarrasser la métropole des condamnés qui étaient pour elle un sujet d'inquiétudes, mais qui, si on y cédait, devait avoir les plus graves conséquences.

Ce moyen de répression, en effet, manque le but principal que le législateur doit se proposer : celui d'être *préventif* et de servir d'*exemple*. La déportation n'a rien d'exemplaire. Voilà, disait-il, son vice radical ; elle ne montre pas le châtiment, elle le cache ; elle le soustrait à la vue de ceux auxquels il devrait servir de leçon. Une scène qui se passe à mille lieues de nous ne produit pas plus d'impression sur l'imagination du peuple que celle qui s'est passée il y a mille ans. Comment d'ailleurs cette peine inspirerait-elle quelque crainte aux malfaiteurs ? Ils ont en perspective un voyage aventureux et lointain, un pays nouveau, des compagnons nombreux, un établissement où avec le temps ils pourront acquérir quelque fortune ; de telles images, loin de les intimider, se présentent à leurs yeux avec un certain charme.

D'un autre côté cependant, et dans beaucoup de cas, la peine dépasse le but ; le législateur, en l'infligeant, n'a sans doute pas voulu aggraver outre mesure la condition du condamné, ce qui ne peut manquer, par les souffrances d'une longue navigation et d'un changement de climat, auquel toutes les natures ne peuvent également s'habituer ; les fortes organisations résistent, les faibles succombent ; et c'est ainsi que se trouve violé le principe de l'égalité des peines, cette première règle de toute bonne législation.

Un autre but que doit se proposer le législateur est d'ôter aux délinquants le pouvoir de commettre de nouveaux crimes. A la vérité, la déportation met la mère patrie à l'abri de cette crainte; mais, si elle en est affranchie, ne sera-ce pas au préjudice du lieu assigné aux condamnés? Si ce lieu renferme une population libre, elle y sera continuellement menacée par eux; les crimes nouveaux ne feront donc que changer de théâtre; si le lieu est désert, les déportés, à moins d'être contenus par une force suffisante, ce qui sera difficile à une si grande distance, se déchireront entre eux, et la colonie périra par les excès auxquels elle sera livrée; enfin, la déportation est une peine qui augmente considérablement les charges d'un État; car, outre les frais de transport des condamnés, elle exige dans la colonie un grand établissement civil et militaire.

Ne semble t-il pas, Messieurs, qu'en posant ces règles du droit criminel qui devraient être immuables et propres à toutes les nations, Bentham, et après lui les criminalistes les plus accrédités, aient fait d'avance l'histoire de la transportation anglaise!

Ainsi, selon eux, la peine de la transportation n'intimide pas: ce qui le prouve, c'est que, depuis son établissement sur une vaste échelle, les crimes s'étaient tellement multipliés dans la Grande-Bretagne, que le nombre en était devenu véritablement effrayant; en Angleterre et dans le pays de Galles seulement, sans comprendre l'Irlande et l'Écosse, le nombre des condamnations, pour crimes qualifiés, était monté, depuis 1805 jusqu'en 1850, de 2,783 à 21,001. — La peine de mort, qui n'avait été prononcée en 1805 que 350 fois, l'avait été 1601 en 1831, époque à laquelle un adoucissement apporté dans la législation avait considérablement réduit les cas où elle était appliquée. Enfin, le nombre des condamnés à la transportation dans la Grande-Bretagne avait presque triplé dans le cours des douze dernières années ; de 2386 qu'il avait été en 1839, il avait atteint celui de 6191 en 1851.

De tels chiffres exactement relevés sur les statistiques anglaises démontrent jusqu'à la dernière évidence que nonseulement la peine de la transportation, telle qu'on la pratiquait précédemment, n'était pas exemplaire et n'intimidait pas, mais qu'elle servait d'encouragement et en quelque sorte de prime aux malfaiteurs, par les avantages ultérieurs qu'elle leur procurait.

Il avait été également vérifié que, dans bien des cas, la peine avait excédé l'intention du législateur, puisque la mortalité avait été excessive parmi les convicts, soit pendant la traversée, soit pendant leur séjour à la Nouvelle-Galles.

En même temps aussi qu'on avait reconnu l'inégalité de la répression, puisque le sort des condamnés différait selon le caractère des colons chez lesquels ils étaient placés, on avait constaté que le fléau qu'on avait détourné de la mère patrie s'était fortement appesanti sur la colonie, en ce que les crimes, déjà devenus si nombreux en Angleterre, l'étaient huit fois plus en Australie.

Enfin, les frais d'établissement d'un lieu de déportation, signalés comme la plus lourde charge pour un État, avaient coûté au gouvernement anglais au delà de 200 millions de francs, outre la dépense annuelle de 15 millions, somme bien supérieure à ce que coûte à la France l'ensemble de son système répressif, quelque vicieux qu'il soit d'ailleurs, pour

une population de 36 millions d'habitants ; et encore ces
15 millions ne dispensent-ils pas la Grande-Bretagne des
dépenses occasionnées par la répression dans la métropole.

On objecte que les colonies pénales de l'Angleterre se sont
transformées en magnifiques possessions qui font maintenant
son orgueil et sa richesse ; il est vrai que la Nouvelle-Galles
et la terre de Van-Diémen sont parvenues à un grand état de
prospérité ; mais quant à la Nouvelle-Galles, peut-on raisonnablement attribuer cette prospérité à l'établissement pénal,
lorsqu'on a vu toutes les misères auxquelles il avait été exposé dès ses débuts, alors qu'il ne se composait que de convicts, et jusqu'au moment où une population libre, venant
s'y implanter, y apporta des mœurs, des habitudes d'ordre
et de travail. Si quelques convicts ont prospéré, si leur pos-
térité, mêlée à cette population libre, fait maintenant corps
avec elle, c'est à la fusion qu'est due cet heureux résultat ;
mais aussitôt que la colonie a été assez puissante pour faire
entendre sa voix, elle a repoussé l'alliage impur qui la dés-
honorait ; elle n'a pas voulu de ces hôtes qui venaient répandre l'immoralité et la corruption dans son sein, et a obtenu
du gouvernement d'en être affranchie ; c'est la population
libre qui a réellement créé la Nouvelle-Galles, elle ne doit
rien aux condamnés ; si ceux-ci l'ont devancée, ils ont été
pour elle plutôt un obstacle qu'un avantage.

Quant à Van-Diémen, il y a peut-être quelque différence ;
le travail à bon marché et mieux réglé des convicts a pu offrir de grandes facilités aux colons libres, mais qu'on se rappelle tous les désordres dénoncés au parlement par le comte
Grey, la honte qui, selon lui, en rejaillissait sur le pavillon
anglais, obligé de les protéger ; on se convaincra que la créa-

tion de cette colonie a été achetée bien cher, et qu'avec ses immenses ressources, ses émigrations abondantes, son esprit de suite, la nation anglaise aurait pu la fonder à moins de frais, et la voir également prospérer sans le secours démoralisateur des condamnés.

La terre de Van-Diémen n'a pas encore obtenu la même faveur que la Nouvelle-Galles, mais elle la sollicite ardemment. Au mois de mai 1851, les habitants de cette colonie présentèrent une pétition à cet effet à la Chambre des lords; ils invoquaient la promesse qu'ils prétendaient leur avoir été faite par le gouvernement de ne plus leur envoyer de condamnés. Le comte Grey nia cette promesse; il dit que l'intention avait été de n'envoyer dans la colonie que des convicts réformés, mais que ses plans avaient été dérangés par une adresse très-indiscrète de la Chambre des communes à la couronne, demandant qu'un nombre considérable de convicts fût tout à coup transféré hors de la colonie; qu'on avait acquiescé à cette adresse et que de là étaient venues les plaintes et les prétentions actuelles; mais qu'il espérait qu'à l'avenir le gouvernement ne trouverait aucun obstacle à l'exécution de ses plans, qui avaient été discutés et approuvés à la dernière session : c'est le système qui est actuellement appliqué.

Au mois d'août de la même année, une nouvelle pétition fut présentée à la noble Chambre; elle était couverte de 4287 signatures.

Et enfin, profitant de l'avénement du nouveau ministère, une nombreuse députation de négociants et autres personnes en rapport avec les colonies australiennes s'est présentée, en mars dernier, à l'honorable sir J. Pakington, secrétaire des colonies, pour lui représenter que plusieurs navires emportant des condamnés allaient faire voile pour Hobart-Town : ils le suppliaient d'arrêter le départ de ces bâtiments et de ne plus faire transporter de condamnés à la terre de Van-Diémen ; ils invoquaient la promesse dont j'ai parlé plus haut ; le déplaisir qu'avait causé son non-accomplissement, ainsi que les nombreuses pétitions envoyées pendant les cinq dernières années par l'évêque, les archidiacres, le clergé de toutes les dénominations et la grande majorité des habitants. Ils ajoutaient que toutes les autres colonies sympathisaient à cet égard avec la terre de Van-Diémen, parce qu'elles prévoyaient que, celle-ci étant surchargée de condamnés, la transportation s'étendrait bientôt à elles ; qu'une grande ligue s'était formée pour la repousser avec l'appui des notables de toutes les colonies ; que de nombreux meetings avaient eu lieu, non-seulement à Van-Diémen, mais encore à Sydney, à Paramatta, à Melbourne, à Geelong et à Adélaïde, et qu'il avait été pris des résolutions tendantes à se plaindre de ce que le gouvernement avait violé sa promesse ; que le peu de personnes qui avaient été en faveur de la transportation lui étaient devenues fort opposées par suite de la découverte des mines d'or, car l'envoi des condamnés dans un Eldorado serait un des plus sûrs moyens de les stimuler au crime. La députation finissait par faire entendre ces paroles hautes et fières qui, un demi-siècle auparavant, avaient servi de prélude à l'indépendance américaine : « J'affirme, dit l'orateur, « que les colonies australiennes sont à la veille de devenir de « puissants États ; leurs habitants sont tout disposés à s'atta- « cher, avec un dévouement loyal et absolu, à l'empire bri- « tannique ; ils conserveraient longtemps cet attachement

« s'ils étaient sagement et prudemment gouvernés; mais con-
« tinuer la transportation, ce serait anéantir bientôt ces sen-
« timents d'affection et de loyauté. »

Sir J. Pakington remercia la députation des renseignements
qu'elle venait de lui fournir, et de l'exactitude desquels il
ne doutait nullement; il rectifia le bruit qui s'était répandu
que cinq transports de condamnés devaient se rendre à Van-
Diémen; il dit que quatre seulement étaient en partance,
mais qu'il avait pris des arrangements pour qu'un des navires reçût une autre destination, et qu'il espérait pouvoir en
distraire un deuxième; que l'importance de la question de
transportation était notoire, et que le gouvernement comptait
s'en occuper; que, quoiqu'il eût reçu des demandes de l'Australie, ainsi que de la baie de Moreton, il n'avait pas l'intention de démentir l'assertion que la continuation de la transportation rencontrait une grande résistance; que, du reste,
nouvellement entré à la direction des colonies, il ne pouvait
que promettre l'attention du gouvernement sur cette question.

Il est vrai, Messieurs, qu'antérieurement à cette dernière
démarche faite au nom de presque toutes les parties de l'Australie, quelques demandes partielles de convicts avaient été
adressées au gouvernement en janvier et avril 1850, par des
colons du Nord et de la Nouvelle-Galles, qui annonçaient
pouvoir en employer 1000 à 1500; les signataires de ces pétitions, au nombre de 52, étaient établis dans les districts de
Moreton-Bay et de Darling-Downs; ils se disaient propriétaires de 173,000 moutons, de 33,000 bêtes à cornes, de
1,600 chevaux, et faisant travailler plus de 800 hommes. Ils
ajoutaient avoir appris, par les papiers publics, qu'un meeting

s'était tenu à Brisbane, dans le but de demander que le gouvernement cessât d'envoyer des condamnés à Moreton-Bay; mais que la plupart de ceux qui avaient fait partie de ce meeting étaient des émigrants nouvellement arrivés qui avaient peu d'expérience de la colonie, et ne savaient pas ce que c'était que les détenteurs de billets de permis.

Il est à remarquer que ces pétitions avaient été adressées au gouvernement avant la découverte des terrains aurifères dans l'Australie.

Cependant le gouvernement, depuis qu'il avait admis le système de probation à l'égard des condamnés, depuis que les deux épreuves préalables, ayant lieu en Angleterre, donnaient les bons résultats que nous avons fait connaître, en avait envoyé un certain nombre ainsi préparés et amendés dans la partie occidentale de l'Australie, qui est séparée des précédents districts par près de cinq cents lieues d'espaces inhabités. Là, sur la côte, se forment incessamment des noyaux de petites colonies qui, manquant de bras pour leurs travaux, reçoivent avec grande faveur les condamnés qui leur sont envoyés porteurs de billets de permis. Le colonel Jebb, dans son dernier rapport, donne les pétitions des colons des districts de Perth, de York, de Norton, de Toodgay, de Wellington, qui, réunis au mois de juillet 1850 en meetings nombreux, remercient le gouvernement de ce qu'il a fondé parmi eux des établissements de condamnés, qui leur sont de la plus grande utilité, d'abord pour leurs travaux publics, et ensuite, lorsque ces travaux seront terminés, pour leurs besoins particuliers; ils se louent de la conduite de ces hommes, et ils ajoutent que, sans avoir d'opinions bien arrêtées sur la question générale de l'assignation des condamnés, ils donnent leur entière approbation à un arrangement projeté par le comte Grey, suivant lequel les prisonniers qui, après avoir passé d'une manière satisfaisante la période de probation en Angleterre, continueraient pendant neuf mois, depuis leur arrivée en Australie, à se bien conduire, seraient alors graciés conditionnellement, avec faculté de trouver eux-mêmes du travail dans la colonie.

Effectivement, dans une dépêche du gouverneur de l'Australie occidentale au comte Grey, en date du 5 novembre 1851, il est dit que l'arrivée des condamnés, ainsi amendés, avait donné une nouvelle vie à la colonie, qui, depuis plusieurs années, se débattait au milieu des difficultés, et semblait presque réduite au désespoir; que ces hommes se conduisaient parfaitement; qu'il ne pouvait leur donner trop d'éloges; qu'à l'exception de quelques fautes légères, aucun délit n'avait été commis par eux, et que les informations qu'il avait reçues des divers points de la colonie, sur le peu de condamnés renvoyés depuis qu'ils s'y trouvaient avec des billets de permis, étaient également satisfaisantes.

De son côté, le chapelain de l'établissement pénal, rendant compte de l'état moral de ces condamnés, disait : « Lorsque « j'ai commencé à remplir mes devoirs de chapelain, j'ai eu « beaucoup d'appréhensions, provenant de l'impression que « les personnes ignorantes des faits avaient généralement « reçues du relâchement de mœurs de ceux auprès desquels « j'allais exercer mon ministère ; mais c'est avec reconnais- « sance envers Dieu, et en adressant des remercîments à ceux « dont le ministère dans la métropole a précédé le mien, « que j'exprime ma satisfaction inattendue en voyant le haut « degré de connaissances bibliques et de principes de morale

« que possèdent les condamnés qui composent aujourd'hui
« notre établissement naissant, et en rendant témoignage de
« la solidité de l'enseignement religieux qui leur a été incul-
« qué. J'écris, ajoute-t-il, avec d'autant plus d'abandon sur
« ce sujet, que la liberté comparative dont les prisonniers
« jouissent ici leur donnerait l'occasion de manifester les
« restes de dépravation dont ils pourraient être encore im-
« bus, et qui, je suis heureux de l'affirmer, ne se montrent
« pas à un degré sensible. »

Et enfin, Messieurs, pour compléter les renseignements sur
la conduite des condamnés dans l'Australie occidentale, le
gouverneur disait dans une dernière dépêche au comte Grey :
« Tout marche de la manière la plus satisfaisante; il n'est
« aucun détenteur de billet de permis qui ne soit placé, et la
« conduite de tous les prisonniers est si régulière, que la pri-
« son est close, et que toutes les anciennes appréhensions
« disparaissent. »

Tels sont, Messieurs, les bons effets du système adopté. Conditions
du
nouveau
système.
Mais n'oublions pas que, pour que ces bons effets se produi-
sent, il faut que le système soit appliqué dans toutes ses parties; il faut qu'aucun condamné ne soit transporté avant d'a-
voir passé par les épreuves qui donnent la garantie de sa
complète transformation; il faut que le lieu où il est envoyé
renferme déjà une population saine, morale, auprès de laquelle il trouve de bons exemples, et qui, persuadée de sa
complète régénération, n'ait aucune répugnance à l'employer;
il faut que cette population ne soit pas très-nombreuse, et
qu'elle manque de bras, car, si elle peut se suffire à elle-
même, les ouvriers libres ne supporteront pas patiemment
une concurrence qui avilira le prix du travail, et ils ne vou-

dront plus recevoir ceux qui viendront le partager avec eux : c'est, indépendamment des autres causes, ce qui était arrivé à la Nouvelle-Galles, et ce qui arrive aujourd'hui à Van-Diémen.

Le nouveau système de transportation ne pèche pas au même degré que le premier par le défaut d'intimidation ; il est, en effet, plus exemplaire, car les trois ou quatre années d'épreuves passées, soit en cellule, soit sur des ateliers de travaux publics dans la métropole, sous la discipline la plus sévère, en font une peine qui, jusqu'à un certain point, est préventive, qui est de nature à inspirer la crainte et à détourner du mal ceux qui seraient tentés de s'y livrer.

Mais le gouvernement anglais peut-il espérer de pouvoir profiter longtemps, pour l'envoi de ses convicts, du seul débouché qui lui reste ? A la vérité, le territoire de l'Australie est immense ; l'intérieur n'est pas connu ; c'est principalement sur les côtes que les établissements se forment. « Quiconque a acquis un peu d'expérience, dit le colonel Jebb dans son dernier rapport, sait combien sont grandes les difficultés qui se présentent à la formation d'une nouvelle colonie. Pendant longtemps, toute l'énergie des premiers colons et toutes leurs ressources sont absorbées par l'obligation de subvenir à leurs propres besoins. Ce n'est qu'après avoir pourvu à ces derniers, que l'on songe aux rades, aux quais, aux ports, aux ponts, etc. Les ressources pour les exécuter sont, pendant de longues années, insuffisantes ; les émigrations sont en conséquence arrêtées, et le progrès est retardé. Si, dans la prévoyance de ces difficultés, on prenait des mesures pour étendre les limites des établissements qui existent déjà, ou pour donner à des entreprises particulières destinées à former de nouvelles colonies , l'assistance du travail des condamnés, on pourrait concilier les intérêts divers , et s'assurer des avantages qu'on ne saurait obtenir par d'autres moyens; et c'est l'expérience de ces difficultés qui a sans doute conduit à une remarque qu'on entend faire souvent, que les condamnés devraient être les pionniers de la civilisation. »

Vous voyez par là, Messieurs, que la première condition, la condition principale, c'est qu'il y ait un commencement de colonie déjà formé par une population morale ; toute autre colonisation tentée *à priori*, avec les seuls condamnés, et peut-être lors même qu'ils seraient améliorés à la suite de longues épreuves, aurait probablement le même sort que Norfolk.

Le peuple anglais est peut-être celui chez lequel les émigrations sont les plus nombreuses : chaque année 250 à 300,000 individus s'expatrient. Les causes en sont connues : l'exubérance de la population, d'une part, de l'autre la misère, poussent les familles à aller chercher d'autres lieux où elles puissent s'assurer des moyens d'existence. J'ai dit la misère : dans ce pays qui renferme de si grandes richesses, qui étend si fort au loin sa puissance, 198,500,000 fr. sont annuellement consacrés à secourir 3,561,000 pauvres que renferme le Royaume-Uni , sur une population que le recensement de 1841 portait à 26,839,885 habitans, et que celui de 1851 élevait à 27,452,262. Cette somme est inégalement répartie entre l'Angleterre et le pays de Galles, l'Écosse et l'Irlande. Dans le premier de ces royaumes, chaque pauvre reçoit par an 83 fr., il en reçoit 38 dans le second, et 21 fr. seulement en Irlande.

Aussi, dans cette dernière partie du Royaume-Uni , la population est-elle décroissante. Le recensement de 1841 lui donnait 8,175,124 habitants, celui de 1851 ne lui en donnait plus que 6,515,794. La diminution est de 1,659,330 habitants. Et cependant ce n'est pas l'émigration qui est la cause unique de cette décroissance; car, pendant ces dix années, elle n'a atteint qu'un faible chiffre. Il est même à remarquer que, quant à l'Irlande, le nombre des émigrations décroît annuellement aussi : de 95,756 individus qu'il était en 1847, il n'était plus que de 59,701 en 1848; il s'est un peu relevé en 1849, où il était de 70,247, pour redescendre en 1850 à 51,083.

Quant à l'Écosse, il n'y a pas eu, comme en Irlande, diminution de population; mais l'accroissement y a été faible. Il y avait 2,628,957 habitants en 1841, et seulement 2,870,784 dix ans plus tard, en 1851. L'émigration y est assez variable, quoiqu'elle tende à augmenter : elle était de 3,427 en 1846; de 8,616 en 1847; de 11,505 en 1848; de 17,127 en 1849, et de 15,154 en 1851.

La véritable augmentation de population est en Angleterre et le pays de Galles; le nombre des habitants s'est élevé, pendant les dix dernières années, de 15,911,725 à 17,922,768 habitants. L'émigration y a été aussi en progrès : 87,611 individus ont quitté la mère patrie en 1846, et ce chiffre s'est successivement accru jusqu'en 1850, année où le nombre des émigrants a été de 214,612; on assure que depuis lors il s'est considérablement augmenté.

Cependant, malgré les avantages que l'Australie peut offrir, ce n'est pas vers cette partie du monde que se dirige le grand courant de l'émigration; il est même remarquable que la majorité des émigrés ne se rend pas dans les possessions anglaises; la plupart de ceux qui abandonnent la mère patrie préfèrent aller porter leur tente aux États-Unis, dans les régions les plus voisines des frontières. Ainsi, en 1846, sur 129,851 émigrants partis des trois royaumes, 82,239 s'y sont rendus, 43,439 sont allés aux colonies anglaises de l'Amérique septentrionale, et 2,277 seulement en Australie. En 1847, sur 258,270 individus sortis également des trois royaumes, 142,154 sont allés aux États-Unis; 109,680 aux colonies anglaises de l'Amérique septentrionale, et 4,949 en Australie. En 1848, sur un total de 248,089 émigrants, les États-Unis en ont reçu 188,233; les colonies de l'Amérique septentrionale 31,065, et cette fois l'Australie a vu s'accroître de 23,622 le nombre de ses nouveaux colons.

Ces émigrants qui se transportent en Australie ne se dirigent pas ordinairement vers la Nouvelle-Galles du Sud, où la population est déjà abondante, où les terres ont acquis une grande valeur, où il serait difficile conséquemment de se faire une position et de trouver une place qui ne fût déjà occupée; ils vont dans la partie occidentale, qui commence aussi à se peupler, mais lentement : c'est là que se forment de nouvelles colonies, où les convicts améliorés sont reçus, accueillis, et où ils rendent et pourront rendre encore d'utiles services.

Mais, comme je le disais, l'Angleterre jouira-t-elle longtemps de ce débouché? C'est possible; cependant il faut prévoir qu'il viendra aussi un moment où ces colonies pourront se suffire à elles-mêmes, et il est à croire qu'alors elles n'agiront pas autrement que n'ont fait celles de la Nouvelle-Galles du Sud et de Van-Diémen.

Se formera-t-il, dans cette partie de l'Australie, de nouvelles colonies, qui à leur naissance auront besoin de bras comme celles qui existent actuellement, et qui consentiront à recevoir des condamnés? Il est permis de supposer que les faits nouveaux qui se sont produits dans la partie opposée de l'Australie feront que les émigrants anglais se dirigeront de préférence vers celle-ci; je veux parler de la découverte des terrains aurifères, aussi riches peut-être que ceux de Californie.

Ces terrains sont situés dans le New-South-Wales, principalement dans la partie traversée par la rivière Macquarie, non loin de Wellington et à une certaine distance de Bathurst. Avant 1850, quelques parcelles d'or avaient été trouvées; en 1849, un très-bel échantillon fut apporté à Port-Philipp; cependant il existait dans le pays un sentiment d'incrédulité entretenu par les propriétaires ruraux, qui avaient intérêt à ne pas voir détourner de l'agriculture les bras dont ils avaient besoin.

En 1850, le gouvernement de la colonie exprima le désir d'avoir la coopération d'un géologue éminent, et M. Stutchbury, conservateur du musée de Bristol, fut envoyé de la mère patrie, avec le titre de géologue de la colonie.

Ce ne fut pourtant que le 2 mai 1851 qu'un article parut dans le *Sydney Morning-Herald*, principal journal de la Nouvelle-Galles, annonçant que l'existence de l'or dans certains lieux n'était plus douteuse; quelques jours après, un meeting fut tenu à Bathurst, de beaux échantillons y furent produits. Les découvertes se multipliaient; elles firent une grande sensation à Sydney; les imaginations s'enflammèrent; mais aussitôt parut une proclamation qui déclara les droits de la couronne sur tous les métaux précieux, et qui défendit leur

exploitation autrement que d'après les règlements qui seraient incessamment publiés peu de jours après. En effet,
ces règlements parurent; ils étaient basés sur ceux de la Californie : tout chercheur d'or devait être muni d'une
licence, coûtant 3o schellings par mois. Nul autre que les
propriétaires du terrain aurifère, ou que celui autorisé par
lui, n'avait le droit d'y fouiller; mais ceux-ci étaient également tenus de se pourvoir d'une licence.

Dès le 19 mai, et dans un pays si peu peuplé que l'é-
taient Sum mer-Hill et Lewis-Pond-Creek, déjà cinq à six
cents personnes étaient réunies et travaillaient avec ardeur,
mais leur ignorance leur fit d'abord éprouver de nombreuses
déceptions; cependant elles gagnaient 4 liv. sterl. par jour, et
l'une d'elles, en trois semaines, ramassa pour 1,600 liv. sterl.
d'or. Deux morceaux de 18 et de 23 onces chacun furent ache-
tés par le gouvernement de la colonie pour être offerts à la
reine. En juillet, un premier envoi de 280 liv. d'or, ayant une
valeur de 11,600 liv. sterl., fut embarqué pour Londres sur le
Mary-Bannaton. On ne peut pas calculer quel est aujour-
d'hui le produit de ces mines; cependant, au mois d'août,
2,000 licences avaient été délivrées dans les seules localités
de Summer-Hill et de Turk-Creek, lesquelles réunissaient
déjà 3,000 travailleurs. Au moyen de ces licences, le gouvernement prélevait 10 pour 100 sur les produits.

Outre les districts précédemment mentionnés, il s'en
trouve d'autres qui paraissent renfermer de semblables
mines d'or, et particulièrement celui de Darling d'Owen,
situé au nord, au delà des bornes du pays colonisé et entièrement occupé par des *squatters*, ou hommes qui ont pris
à bail du gouvernement de vastes étendues employées
comme parcours pour leurs troupeaux.

Ce qu'il y a de remarquable, c'est que, bien différente de la Californie, la contrée dans laquelle se trouvent tant de richesses jouit d'un calme parfait, le gouvernement y maintient une police sévère, et les travailleurs, ainsi que les voyageurs que la curiosité attire, y jouissent de la plus entière sécurité.

Ces nouveaux faits expliquent pourquoi les colons de Moreton-Bay, qui sont à une faible distance des terrains aurifères, et qui précédemment adressaient des pétitions au gouvernement anglais pour lui demander des convicts, manifestent aujourd'hui une si vive opposition à leur envoi. Il n'est pas douteux que les transportés, arrivant dans la colonie avec des billets de permis, courraient aux placers plutôt que de se livrer aux travaux pour lesquels on les demandait.

Conclusion.   Mais il est à croire aussi que l'existence des terrains aurifères attirera désormais dans cette partie de l'Australie les émigrants qui précédemment allaient se fixer sur les côtes opposées, et c'est sous ce rapport que la découverte de ces terrains pourra nuire à la colonisation dans l'Australie occidentale, et par suite exercer une certaine influence sur la transportation dans les seuls lieux où elle puisse s'opérer actuellement.

Messieurs, dans les longues études auxquelles je me suis livré devant vous sur la répression anglaise, je crois en avoir exposé toutes les phases.

Le système auquel le gouvernement britannique s'est arrêté en dernier lieu remplira-t-il entièrement le but qu'il s'est proposé en l'adoptant?

Les statistiques criminelles de ce pays résoudront la question mieux que tous les raisonnements. Si la criminalité diminue, ce sera une preuve de la bonté du système, mais ce n'est qu'avec le temps que cette preuve pourra être acquise.

Dès à présent, cependant, il n'est pas permis de douter qu'il ne soit bien supérieur au précédent, et, je dois le dire, bien supérieur à celui des peuples du continent.

Mais il restera toujours la difficulté de concilier deux choses absolument opposées, à savoir, les principes sur la répression pénale, et les règles que l'expérience a tracées pour assurer le succès de toute colonisation.

Je ne puis mieux faire sentir cette inconciliabilité qu'en me servant des arguments que développait avec une rare sagacité le révérend archevêque de Dublin, dans les lettres que j'ai déjà eu occasion de citer.

Dans toutes les justifications du système de la transportation il y a, selon lui, une confusion perpétuelle de deux questions différentes, et, soit confusion de pensée ou artifice de sophiste, on passe de l'une à l'autre, c'est-à-dire de la question de la transportation, comme mode de *punition*, à la question de transportation comme mode de *colonisation*, sans savoir où l'on en est. Quand les objections, sous le premier point de vue, commencent à se presser fortement; quand on a démontré sa défectuosité, comme moyen disciplinaire, pour la réforme des criminels, et son incapacité encore plus grande de produire l'effet qu'on doit attendre de la peine, à savoir, l'intimidation, alors les avocats de la transportation se placent sur l'autre terrain, et plaident les avantages que la colonie retire de cette émigration forcée. Que si l'absurdité ou, comme le dit Bacon, la honte et l'infamie d'accumuler dans une société naissante des relais continus de l'écume du genre humain, viennent à frapper vivement, aussitôt l'attention est attirée sur l'ample compensation qu'offre ce genre de punition. Voilà bien une compensation, dira-t-on; quelle sera celle du mal produit par le maintien d'un système de punition aussi défectueux, aussi inefficace, aussi pernicieux que la transportation? Oh l'avantage, répond-on, est de fonder et de maintenir une colonie! — Mais la colonie est par là établie et peuplée de la pire façon imaginable. — Oui, mais alors il vous faut considérer à quel point il importe d'avoir un lieu de punition pour les convicts. C'est ainsi qu'en passant et repassant d'un sujet à l'autre, on égare les esprits, en les livrant à une perpétuelle confusion d'idées.

A supposer cependant que l'idée qui se fait jour soit que les deux parties du système soient amenées à se supporter mutuellement, bien qu'elles ne puissent être défendues, si on les considère séparément, il arrivera que les mesures combinées pour suppléer à ce qui manque réciproquement à chaque branche du système seront de telle nature qu'elles se contrarieront nécessairement, au lieu de s'entr'aider. Des deux objets proposés, il n'y aura pas une mesure à prendre en faveur de l'un qui ne tende au même degré, ou plus peut-être, à ruiner l'autre, de manière à rendre le résultat de la combinaison encore moins soutenable que chacun des plans isolés.

Une colonie peuplée de malfaiteurs est en soi-même un mauvais établissement comme colonie; un pénitencier situé aux antipodes doit très-probablement être, par bien des raisons, un mauvais pénitencier; mais chacune de ces choses devient incomparablement pire, si on les combine ensemble, parce que, dans les points les plus importants, si on envisage cet objet-ci ou cet objet-là, on devra suivre deux systèmes de direction, et ces systèmes seront non-seulement différents, mais opposés entre eux.

Développant cette pensée, l'archidiacre Broughton, dans une lettre que rapporte l'archevêque de Dublin, disait : « Dans toutes les propositions qui touchent à la condition des prisonniers après leur arrivée dans les colonies, la mère patrie et les colonies ont des intérêts séparés. L'intérêt de la première est que la transportation agisse comme châtiment, principalement en vue d'avertissement et d'intimidation; c'est-à-dire en vue de le rendre *redoutable*, et non pas *désirable* aux yeux de la nation en général. Pour opérer cet effet, la politique de la mère patrie est évidemment de faire en sorte que, pendant le cours de l'expiation, le prisonnier soit non-seulement dans une période de punition, mais aussi qu'après l'expiation il ne soit pas dans des conditions plus favorables de crédit, de richesses, de considération, que s'il n'avait pas été déporté, car ce serait détruire l'effet de la punition, et agir contre l'intérêt de la métropole, qui est d'intimider pour diminuer le nombre des crimes. D'un autre côté, si on considère l'intérêt du pays où les coupables sont transportés, on trouve que, pour son avantage, il faut offrir aux prisonniers un encouragement, c'est-à-dire exactement le contraire de ce qui convient à l'état d'où les prisonniers sont bannis.

« Pour développer les ressources d'une contrée comme celle où le condamné est conduit, chacun doit y être excité à exercer au plus haut degré toutes ses capacités, toute son industrie; chose qu'il ne fera jamais, s'il n'a la perspective d'acquérir de la propriété. Le prisonnier qui a l'intelligence nécessaire pour cela doit, par la force des choses, et en proportion de ses facultés d'esprit et de corps, parvenir à ce but plus facilement dans les colonies que dans la mère patrie. Si donc on regarde exclusivement à l'intérêt des colonies, il est clair que le prisonnier dont la peine est expirée, doit être encouragé à faire tous ses efforts pour devenir propriétaire, et pour prendre part aux distinctions civiles et politiques attachées à ce titre; mais, d'un autre côté, si la voie des honneurs et de la richesse lui est ouverte, il est évident qu'une telle situation fera un objet d'envie pour les honnêtes gens de la métropole, qui ne peuvent s'élever ainsi; et ce qui sera bon pour la colonie sera nuisible à la mère patrie. Leurs intérêts, sous ce rapport, seront dans un état continu d'opposition. »

Vous voyez, Messieurs, combien est grande la difficulté de concilier deux intérêts si contraires, celui de la colonie et celui de la métropole. Les Anglais y sont-ils parvenus? Il faut remarquer que leur situation est exceptionnelle, qu'elle leur offre des avantages que nul autre peuple n'a au même degré; et cependant vous avez vu par quels essais infructueux, dispendieux, et successivement abandonnés, ils ont passé, pour arriver au système qu'ils ont adopté en dernier lieu.

Il est certain que, dans celui-ci, la transportation, par l'effet des précautions dont elle est entourée et des épreuves dont on la fait précéder, perd quelques-uns de ses effets les plus fâcheux, en même temps qu'elle produit plus que tout autre l'amendement du coupable.

Et, cependant, ceux qui ont concouru à l'établissement de

ce système ne se sont pas dissimulé la difficulté de faire une bonne législation pénale, et l'insuffisance des meilleurs moyens pour y parvenir.

« Les uns, disait l'un des hommes qui se sont le plus dévoués à cette grande œuvre sociale, le colonel Jebb que j'ai si souvent cité, les uns présenteront, comme caractère principal et prédominant de tout système de répression, le *châtiment*; les autres, la *réformation* du coupable. Quelques-uns soutiendront les fers et l'esclavage; d'autres, une instruction bienveillante et soutenue. Entre les extrêmes, le plus sage paraît être d'éviter toutes ces théories, et de s'attacher à la seule expérience. *Quelque marche que l'on adopte après tout, on n'aura que le choix entre plusieurs maux.* Si cependant on peut éviter les maux palpables, si on combat les plus importants à mesure qu'ils naissent, on peut raisonnablement se flatter d'obtenir des résultats plus favorables que ceux qu'on a eus jusqu'ici. »

L'Angleterre, pour arriver au système auquel elle s'est arrêtée, entre plusieurs maux a donc choisi celui qui lui a paru le moins grand; mais vous remarquerez que si la facilité, pour elle, d'avoir un lieu où elle puisse conduire ses condamnés après amélioration préalable lui échappe, ce qui, dans un avenir plus ou moins éloigné, ne peut manquer d'arriver, son gouvernement se verra obligé de recourir à de nouveaux expédients pour remplacer ce dernier degré de son système de répression.

De tout ce qui précède, Messieurs, il résulte que, pour obtenir sa sécurité intérieure, chaque nation doit étudier constamment et avec soin ses ressources, le caractère des habitants, leurs mœurs, leur degré de civilisation et de lumières, afin de faire concourir à la répression pénale et à la régénération des condamnés tous les moyens matériels et moraux dont elle peut disposer.

J'ai accompli, Messieurs, cette première partie de ma tâche ; dans la seconde, que je me propose de vous soumettre incessamment, j'aurai l'honneur de vous entretenir de la répression en France, et des moyens qui me paraissent les plus propres à résoudre chez nous, en profitant de l'expérience faite en Angleterre et ailleurs, les difficiles problèmes que soulève la criminalité, cette plaie de tous les pays, et particulièrement des nations les plus civilisées.

FIN DE LA PREMIÈRE PARTIE.